戦後教育の回顧と展望

中南 忠雄

文芸社

目次

戦後教育の回顧と展望

第一部

戦後教育を顧みて

はじめに

この雑文は深い研究も詳細な検討もなく、ただ身をもって歩いてきた跡の随想・愚見である。それでも幸い終戦直後の大改革の時代にあたり、以後十九年新教育界に校長として在職し、その間に得た世相の流れと共に、新教育について考えさせられたものも少なからず得たのであった。

その後、昭和四十四年に教育界を去って三十年、よく教育の効果は二十年、三十年を経て現れるものだといわれるが、たまたまその効果を目にする時に遭遇することとなったのである。しかしそれはまことに残念ながらいささか憂えてきたとおりの結果であった。なかでも幼少年に多発する異常な行動は、多少とも教育に携わってきた者として黙して過ごし得ないものである。

今日わが国では官民挙げて、ことの重大さに対し真剣な検討が重ねられつつあるが、こうした時にあたり、教育界に身をおいた者としていささかなりともお役に立てればとの思いで綴ってきた雑文である。しかし経験から生まれた愚見としてご披見賜れば幸いである。

第一章　子供はなぜ荒れるのか？

一　いじめについて

最近、子供のいじめが大きな教育上の問題となっている。新聞紙の報ずるところによれば、それは想像も及ばぬ残忍な行動ともなっているという。一体どうしてこんなことが青少年の世界に起こるのであろうか。この原因や対策についてその道の人達によっていろいろ検討され、その指導にも努力されているようである。私もかつて長年、青少年の指導に携わってきた者として、一つの私見を述べてみたい。

それは今日案外問題にされないが、学習不適応に陥っている者の増加によるのでないか、ということである。改めて言うまでもなく戦後義務教育も延長され、そのうえ全入にも近い高校教育の普及によって、学習内容も高度化した今日、日常の学習に不適応を来している生徒がますます増加していることは、文部省の調査によっても実証されていることである。それが、ただでさえ傷つきやすい青少年にとっての学校生活が、いかに苦しいものかはおよそ想像に難くないことである。そのうえ最近、よりよい学歴からよりよい職場へとの親達の期待から、こうした子供達の苦しみはさらに大きなものとなっているであろうことも察せられる。こうした人にも言えぬ苦しみのやりきれなさと、ありあまる若いエネルギーが登校拒否ともなり、時には爆発して異常な行動ともなり、性格の歪みさえ来すであろうこともまた理解できるのである。鳥や兎のような弱い動物への残忍な仕打ちやいたずらな破壊、抵抗力のない友人への理由もないいじめが残忍な姿となるのも、こうしたやり場のない心の現れではなかろうか。

しかも物資が豊かになった今日、子供は欲しい物は何でも与えられ、そのうえ自由が尊重されがちな風潮のなか、昔の子供のように自ら耐え、自ら努めることも少なく育てられているのである。それは一面恵まれた生活ではあるが、それはまたかえって何の手ごたえもない生活で、物心ともに求めるものを持たない心の空白に、何かなし一種の空しさと苛立ちを感じさせられているのではなかろうか。こうした空しさと苛立ちが、今日の残忍ないじめを増幅させているのではなかろうか。私は残忍ないじめを耳にするたびにこんな思いがするのである。

なお今日の青少年にとって今一つの不幸は、共に悩みを語り共に希望を語り合う友人に恵まれないことではなかろうか。よい友人に恵まれることこそ若い青少年にとって何よりも大切なことである。しかし少子化のうえ、とかく進学準備の勉強に追われがちな今日、兄弟さえ少ない環境のなかで多くは孤独な生活になっているのではなかろうか。

しかも多発するいじめを見ながら、身を挺してこれを制止する者はいないのであろうか。正義感に燃える年代の子にして、ただこれを傍観しているとすればこれこそ悲しいことである。しかしこれも激しい受験競争のなかでの生活が生んだ結果ではなかろうか。

以上、今日のいじめについて思いつくまま一つの見解を述べたのであるが、いずれにしろ残忍ないじめは一向に止みそうにない。ことに残念なことは、いじめによって若い命を自ら断つような不幸な事件の続発である。一体どうしてこんな不幸な事件が起こるのであろうか。

思うにそれは、いじめを受けている子がそれを容易に他に訴えようとしないからではなかろうか。それは他に訴えることによる仕返しを避けるためでもあろう。しかしこの年頃の子供は、ようやく自我にも目覚めプライドをも覚える年代である。そのプライドが自らの苦しみを人に訴えることを許さないからではなかろうか。ことに家庭のなかで大切に育てられた子にとって、その思いは一層強いに違いない。こうした結果は苦しいいじめもただ一人耐えねばならないのであって、その苦しみはさらに大きいものがあるであろう。今日いじめによって若い命を自ら断つような不幸な出来事はこうした孤独の苦しみの結果であることは、これらの子が必ず遺書を残していることが雄弁に物語っているのではなかろうか。これを思えば周囲の者も深く心しなければならないことであろう。

二　しつけについて

日常の学習に不適応を来たしている生徒増加の問題とともに考えねばならぬことは、幼時からのしつけの問題ではないかと思われる。西欧では幼児のしつけがことに厳しいと聞くが、わが国においても今日このことは特に大切なこととして反省の必要があるのではなかろうか。朝顔の花が咲くものと思っていたら夕顔の花が咲いたのを見て、急に驚いて騒いでも時すでに遅いのである。朝顔か夕顔かは双葉の時に定まっている。少し変な譬え話だが、これと同じで幼時のしつけのいかんが年頃となって、その結果を現すのである。

不幸なことに、わが国では終戦前後、親達は食べることや着ることに追われ、身も心も子供のしつけなどする余裕はなかったであろう。それに、戦後急激な改革によって、長い歴史のなかで積み上げられてきた秩序や伝統も失われ、そのうえ近頃は核家族化によって、人生の先輩としての老人や親達の体験から生まれた知恵を教わる機会も少なくなったのである。このような不幸な境遇のなかに育って、子供のしつけにも一から手探りで苦心しているのが今の親達ではなかろうか。その結果がともすればしつけに歪みを生じ、それが今日青少年問題の要因の一つともなっているのであろう。

次にまた青少年問題について反省させられることは、しつけについて学校と家庭との協力のあり方である。かつてわが国では、しつけについて多く学校に期待する風習があった。しかし当時は社会にも家庭にも長い伝統からくる、ある種の秩序なり日常生活の規範ともいうべきものがあった。また学校も当時は一般的に特別な信頼を受け、こうした背景のうえに立って一応その期待に応えることもできたのである。しかし戦後すべてが大きく変化した今日、学校への期待は過大な負担となっているのではなかろうか。本来から言えば生徒の生活指導について、集団教育である学校の負い得る責務には一定の限度があることが、自他共に認識されねばならないことである。そして学校なり家庭なりまた社会なりそれぞれの責務を自覚することが、青少年の健全な育成に大切なことであろう。外国ではこのことが当然のこととして守られているところもあると聞くが、わが国ではなお旧来の風習からとかく学校への期待が大きく、マスコミまでことあれば学校の名をあげてその責任を問うような姿勢を示すことも多い。最近も中学校で、あまりに細かく定められた規則が、管理教育の強化として批判されている。もちろんそれには反省すべき点もあろうが、一面学校がここまでしなければならぬような事態に追い込まれていること自体について、考えねばならぬのではないかと思われる。中学生にもなって、毎日何人もの先生に、校門に立って叱咤激励されなければ遅刻が止められないような自主性のない子を育てたのは、一体誰なのかが問われねばならないのである。

ことに最近青少年問題の起因として、子供の身体的成熟と精神的成長の不均衡が指摘されているが、それはあたかもこうした現象が顕著に見られる中学・高校年代の生徒指導を一層困難にしているであろう。これについても、幼時からの人間としての精神的しつけの欠如が関係なしとは言えない。またたびたび問題とされる教師の体罰事件も、現在学校におけるかかる生徒指導の困難さからくる焦りと解すれば、一応理解できないこともない。ただそれが愛の鞭として通じていないのが悲しまれるのである。

以上いずれにしろ、本来家庭の役割であるしつけが、先にも触れたとおり、戦後の不幸な経過のうえ、今日進学競争の激化から、家庭ではとかく学力のみに力が注がれ、その結果は本来の任務を負う学校が、生活指導のため多大の時間とエネルギーを費やしているのが今日の実情ではなかろうか。こうした学校と家庭との役割の逆転現象については共に反省すべき時であろうと思われるのである。

三　再びしつけについて

青少年の健全な育成に、幼いうちからのしつけの重要性はいうまでもないが、その任務の大部分は家庭にあることもまた言をまたないことである。しかし今日、戦争がもたらした不幸な歴史によって、若い親達のなかには何をどうしつけるか暗中模索なのが実情ではなかろうか。

いうまでもなく、戦中戦後の一時期、日々の衣食にさえ事欠く窮乏生活のなかで、子供のしつけまで考える余裕などなかったであろうことは、誰もが経験してきたことである。そのうえ急激な改革は、長い歴史のなかで積み上げられた伝統や秩序も捨てねばならなかったのである。こうした不幸な経過のうえ、先述のように、人生の先輩としての体験から生まれた知恵を教えられる機会も少なくなっている。こうした経過から今の親達は子供のしつけも一から手さぐりで始めねばならないのである。そのうえ現在の進学競争の激化は親達のしつけへの目を奪っていることも事実である。しかも戦後の新しい出発にあたり、子供のしつけについてもその道の指導者や各方面からの指針が示されたのであるが、それらはとかく理想的なものや抽象的なものが多いのであった。もちろんそれらはいずれも教えられることが多いものであるが、それが抽象的な理論や言葉である限り、しつけとしての実は得られないのである。いかに立派な指針も実は日常の一つ一つの小さな具体的行動の積み重ねによって初めて身についたものになるからである。今日箸の持ち方、履物の脱ぎ方も知らず、学校では毎日何人もの先生に、校門に立ってもらわねば遅刻が止められないような自主性のない子供が育てられているのである。

こう考える時、わが国にも先人の長い間の体験から生まれた外国人を驚かすような知恵と行動の姿があったはずである。それらのことをあるいは忘れ、あるいは意図して捨ててきたのである。

これらについて司馬遼太郎氏が「二十一世紀に生きる君たちへ」(『十六の話』中央公論社)のなかで、「いたわり」「やさしさ」「他人の痛みを感じること」の三つをあげ、これらは「本能ではない。だから、私たちは訓練をしてそれを身につけねばならない」とし、「例えば、友達がころぶ。ああ痛かったろうな、と感じる気持ちを、そのつど自分の中でつくりあげていきさえすればよい。この根っこの感情が、自己の中でしっかり根づいていけば、他民族へのいたわりという気持ちもわき出てくる」と説かれている。これはしつけとは何か、それはまたどうすることかを示唆された尊い言葉である。また幸田露伴氏が母親代わりに娘の文さんをしつけるため、まことに細事にわたって教えられた『こんなこと』(幸田文著)もしつけとはどうすることかを教えられる尊い記録である。こうした記録を見て、人によってはあるいは保守主義だとか、また管理主義だとして批判する者もあろう。しかし形を教えることは、同時にそこに含まれた心を伝えることなのであることを忘れてはならない。(後出『「こんなこと」(幸田文著)を読んで』参照)

四　真向き・横顔・後ろ姿

そうはいっても家庭での教育はなかなか困難なもので、熱心のあまりかえって親子共に気まずいものになることさえある。これについて『わが家の教育』(渡辺一夫他著・平凡社)と題して幾人かの有名人の体験談を集めたものが出版されている。これらを読んで感じることは、自分やわが家のことを語る照れはあるにしても、さてあなたの家庭教育はと問われて、多くの人からとまどいと自信のなさが告白されていることである。つまり家庭教育は意図的な学校教育とは違って、改まって人に問われてこうだと答えられるようなものでなく、親子の愛情の結びつきのなかに、日常言わず語らずに行われているものだからではなかろうか。かつて「子供は親の言うとおりにはならぬものだが、親のするとおりになるものだ」という教えがあることを知ったが、最近また「真向き・横顔・後ろ姿」という言葉のあることを教えられた。つまり「真向き」の教育が主として学校教育だとすれば、「横顔・後ろ姿」の教育こそ家庭教育なのである。それを親が真向きで子を教えようとしても効果がないばかりか、時には親子の間を傷つけることにもなるのである。ただ親が日常生活を真剣に生きる姿のなかに、子供はその横顔や後ろ姿を見て、知らず知らず教えられ育っていくものだというのであろう。意図的、系統的に行われる学校教育に比較して、それはやさしいようであるが、実は一層難しいことだとも言える。なぜなら私達は「真向き」の時にはとりすますこともできるが、「横顔や後ろ姿」の生活はそうにわか作りではかなわぬことだからである。先の『わが家の教育』のなかで亀井勝一郎氏は「家庭教育不成立論」として次のように述べられている。

家庭教育をしてやらうといふ、その「意識」を、両親はまづ反省してみる必要がありはしないだらうか。家庭教育以前に問題がある。それは父は父の職場で、母は母の位置で、地道に働くといふことである。平凡きはまることだが、家庭が地道な勤労の上に成立し、両親が力をあはせて人生の営みをつづけているといふ、言はば生きるための努力、誠意、それが根本にあれば、それが一種の教育ではなからうか。

これは、いささか難しい話にもなるが、やはり家庭のしつけについて何かを考えさせられるのである。

五　子供をめぐる社会環境

今日わが国では年齢の長幼を問わず、また職業やその地位のいかんにもかかわらず、嘆かわしい犯罪や問題行動が日々報道されている。かつて治安のよさで他国からも認められてきたものを、今日この世情はどうしたことであろう。ことに青少年の思いもよらぬ凶悪な行動が多発するのを見る時、家庭だ、学校だと言わず、国をあげて戦後の歩みを反省しなければならない。

戦後の新しい出発にあたり、民主主義を中心として自由や人権を大きな指針としてきたのであるが、自由には責任を、権利の主張には義務を、民主主義には個の確立が前提とされるように、元来いずれも自己に厳しい姿勢のなかに成り立つものではなかろうかと思われる。それが戦中の反省に急なあまり、これらの指針がともすれば他に求めるためのみに用いられてきたのが、五十年の歩みであったのではなかろうか。その結果、これらの指針が正しく根づくことなく、そのうえ長い間に築き上げられたよき習慣や伝統さえ破壊されるようなこととともなったのである。のみならずこうした流れは、ともすれば求めることには敏感となったが、自ら努め、みずから堪えることを忘れさせたのではなかったか、またそのために起こった混乱も決して少くなかったのである。さらには自由や人権、民主主義という新しい指針が安易に標語のように用いられたきらいはなかったか。戦争中、「欲しがりません勝つまでは」だの、「鬼畜米英」等の標語によって一億総動員を進めてきたように、戦後の新しい指針まで一種の標語となって安易に用いられてきたのではなかったか、戦後五十年を振り返って反省させられるのである。

さらに今日、青少年にとっての不幸の一つは少子化傾向の増加である。これは国家にとっても重大な問題である。最近の少子化傾向は子供は少く産み、金や手間をかけて立派に育てようとの思いからでもあろうが、家にあっては兄弟もなく、街にあっては友人も少く、独り個室の中に孤独な生活を強いられ、なかにはもっぱらテレビゲームの映像のなかでの生活になっている者も少くないと報じられている。こうした生活のなかに育った少年には、悲しいことも楽しいこともただ映像の世界のこととして映っているのではなかろうかといわれるのも決してあり得ないことではない。最近「実際人を殺してみたかった」と告白した少年のあったことは、決して軽々に見過ごしてはならないことであろう。

かつて剣劇映画が流行した頃、幼い子供はその映像に憧れ、竹切れを持って盛んにチャンバラ遊びをしたものであった。しかしそうかといって本当に真剣を持ち出すようなことは決してなかった。映像の世界と現実を混同するようなことはなかったのである。それが今日の青少年のなかには映像の世界をそのまま現実にするような行動が見られる。昔の幼少年にも及ばぬ幼稚さとも言わねばならない。しかもその実行にあたってはその手段や技術についての知識や思慮は、大人も及ばぬ綿密なものが見られる。こうした極端な例は少いにしても、このような青少年はどうして育ったのであろうか、それはまたどんな環境であったのであろうか。

以上のような問題と共に今日われわれの反省すべきことは、核家族化による子供の生活への変化である。かつてわが国では三世代同居が通常であった。そこでは老人も大切な家族の一員であり、家族にとって人生の体験者として尊い教師でもあった。おじいさんやおばあさんは幼い子供にとって、箸の使い方や履物の脱ぎ方のような細かいことから、自分の長い人生の体験からの知恵をはじめ、遠く先人達の残した知恵や伝統をも教えてくれる尊い存在であった。

こうした反面、老人は弱い人として家族から労わられる存在でもあった。そのなかで育てられる子供達は、混み合う乗物の中で、ためらわず弱い人達に席を譲れるように育ったのである。

またこうした家族構成のなかでは、長く親しんできた肉親との悲しい永遠の別離をもしなければならぬ事態に遭遇することもあるであろう。こうした体験こそしみじみと人の命の尊さを身にしみて体得したことであろう。

かれこれ考えると、子供達の心の成長にとって尊い存在である三世代同居は、今日生活形態の変化や家屋の構造からしても果し得ないことではあるが、子供の心豊かな成長のため、いろいろ問題があるにしても三世代同居と同じような人間関係の継続に努められる施策の講じられることが望まれるのである。

六　学校本来の使命に徹せよ

青少年の間のいじめをはじめ登校拒否、学級崩壊さては殺人等という凶悪な事件の多発は、家族といわず学校といわず、行政当局といわず、国民あげて心を痛めない者はないであろう。なかでもこれらが学校教育の適齢者である子供が主であれば、学校がその対策指導に心を砕き、多大の時間とエネルギーを費やさざるを得ないことは充分察せられる。しかし私はこの事態を見、あえて学校はこれらの対策指導はすべて家庭や社会の各種専門機関、さらには今後充足されるべきそれぞれの専門機関に委ね、学校はその本来使命である教科指導（クラブ活動も含め）の充実のため、専心研究と工夫に努められんことを主張したいのである。ことに大学生にして小学校の数学の計算さえできないといわれる今日、なおさらのことである。

元来学習不適応者は小学校においても見られるが、義務教育の延長により、こうした生徒の増加はすでに問題となっているのが事実である。しかもよりよい学歴からよりよい職場への親達の期待のなかで追いつめられた生徒の学校生活がいかに苦しいものか、しかも物質的には恵まれているうえ、少子化の今日、とかく自由で厳しいしつけを受けることもなく、自我意識だけは強く育っているような青少年も少なくないであろうが、こうした子供が学校生活での学習に、理解も興味も得られない日々の空しさは、本人の自覚すると否とにかかわらず、そうした空しい心のはけ口が、残忍ないじめともなり時にはあえて人々を驚かすような凶悪な行動ともなるのではなかろうか。

こう考える時、私は学校がその本来の任務に立ち帰り、その充実に専念することこそ今日の青少年問題の解決への大きな道の一つとなるのではなかろうかと思うのである。

わが国では古来、子供の教育について何かと学校に期待し、学校もまた自らそれを当然のこととしてきたのであるが、今日学校は万能ではなく、自ら限度のあることを自他共に認識し、学校本来の任務はカリキュラムに定められた各教材の学習指導にあることを自覚し、その徹底と充実に努むべきではなかろうか。

いうまでもなく子供の日常生活の大部分は学校生活であり、学校生活の大部分は教科の学習生活である。したがって教材の学習指導こそ学校の主任務であり、生徒にとってはその充実こそ生活の充実に連なるものである。しかるに今日、学校教育で学習不適応に苦しむ生徒が増加しつつあることは広く伝えられていることであり、ことに最近青少年の学力低下は著しい。それは子供の学習意欲の低下によるものか、あるいは指導の至らぬことによるものか、いずれにしても生来学習能力のない子がこれほどまであるとは誰も思わないであろう。そうだとすれば、こうした事態に対する学校の任務は重く、これらの生徒に対して学習効果の向上に努め、生徒達の生活に充実感を与えることは、種々の問題行動に対応する以前に、学校が尽くすべきこととして最も望まれることではなかろうか。したがって教員はおのおのその受持ち教材について、いかにして生徒に理解し会得させるかにつき、研究と工夫を重ねることに専念すべきであろう。しかしその結果なお成果の得られない生徒があれば、余裕の時間（放課後や休憩時）に個別指導を行うくらいの熱意を示すならば、心の荒んだ生徒に対しても百の訓戒にも増す成果のあることはよく体験されることである。

こうした教科指導に対する教師の熱意は、不登校をはじめ生徒をめぐる問題行動にも期せずして解決の道が開かれるのではなかろうか。ことに最近要望の強い自主性や創造の意欲もこうした努力のなかに生まれよう。元来自主性といい、創造の意欲といい、いずれも生徒自らが自覚したうえでこそ望まれることであって、それは教えて育つものではない。ただ日常の充実した生活の積み重ねのなかにこそ自然と芽生えるものなのである。

なお学校の本来使命が学習指導の徹底にあるとすれば、教育行政当局においても従来の旧習を改め、学校を何でも屋にすることなく、その本来使命の充実について物心共に援助と指導を与えることが望まれるのである。したがってまた、教科課程の内容決定には特に慎重な検討が望まれるのである。

これに関連して今日早急にも検討の望まれるのは、人倫教育の重要性についてではなかろうか。戦前の修身教育の反省から一時は道徳という言葉を口にすることさえ憚られるような時期もあった。その風潮は人の道を説く教育についても大きな影響を与えてきたのである。そうした結果、今日報じられる事件は憂慮を超え、膚に粟するものさえ少なくない。しかもそれらの事象は若い青少年に限らず、思慮分別のあるべき成人にまで及んでいるのである。こうした今日の世情を見る時、明日といわず、家庭におけるしつけ教育と共に、学校での人倫教育の改善実施が望まれるのである。

第二章　教育制度について

一　高校教育課程改訂について

昭和四十八年度を目途に高校教育課程の改善案が発表された。早速これに賛否両論が出ているが、恐らく今後も大きな議論を呼ぶことであろう。しかも、今までの例から考えて、それが生徒不在の単なる観念論や、立場の主張に終わって、最後は大した実りもなく終わることになりはしないかと恐れるのである。したがってこの際問題の所在を互いに明確にして、せっかくの論議を不毛に終わらせないことが大切だと思う。

言うまでもないことであるが、このたびの改訂の主な目標は生徒の適性能力に応じるための多様化にあって、自然このことが論議に上ることであろう。しかし、生徒の適性能力に応じるということ自体は誰もが認める教育の大きな原則で、あえて異議を唱えるべきことではない。ことに高校進学率の上昇に伴って、現在の教育課程を消化し得ない生徒が多く、そのために教師も悩み、生徒自身も苦しんで、その結果いろいろ不幸な事象の生じている現状を前にして、なんらかの対策が早急に講じられねばならぬことは、これまた誰もが認めるところである。

それでは問題はどこにあるのであろうか。私はこのたびの改訂において最も大きな問題は、生徒の適性能力に応じるという方針そのものにあるのでなくて、その具体化の方法、端的にいえば教育課程多様化に伴う弊害をいかにして除去するかにあるのではないかと考える。いかに方針は正しくても、その方法を誤れば大きな弊害を伴うことはいうまでもないが、とりわけこの問題は過去の経験から、意図せざる弊害や生徒への心理的影響のことが予想され、特に慎重を要することであって、この点にこそ充分論議を尽くし、衆知を集めることが大切だと思われる。したがってこうした観点から、以下二、三の愚見を明記して批判を仰ぐこととする。

(一)

生徒の適性能力に応じて教育課程の多様化を実施するにあたり、まず第一に問題となることは、その適性能力を判別する時期と方法であろう。

人間にはそれぞれ適性のあることは誰もが否定しないことであろうが、一体その適性の判別はどの年代においてなされるのがよいかという点については、厳密にいえば極めて複雑であり、困難な問題であろうが、適性に応じる多様化のためには、現実の問題として見過ごすことのできないことである。多様化是非論の分岐点も、実はこれについての見解いかんにかかるのである。したがってこの点については学識者や現場の教師の協力によって真剣な研究討議が望まれる。

次に適性能力の判別方法については、従来種々の試みが行われてきたが、その判定がともすれば単なる学力、しかもいわゆる主要学科の優劣によって行われ、それが学力優秀者中心という印象を与えてきたことは争えない事実である。今日教育課程多様化への反対論の多くは、無言のうちに、この事実を前提としている。また現在の選択性において、その科目選択にあたり、生徒への適切な指導が徹底し難く、したがってほとんど生徒の自由に委ねられ、その結果は一時の利害や単なる逃避のための方便にさえなって、この制度の真の目的が達せられていない場合も多いのである。

これらの実情を考える時、真に適性能力に応じる教育のためには、是非、適性能力の慎重な判定と、これに基づく進路指導の方策が確立されねばならないと思われる。

（二）

教育課程多様化実施に際し、第二に考えねばならぬことは、生徒の選んだ道がいずれにあっても、将来へのつながりを持つものでなければならぬことである。少なくとも生徒に、袋小路に追い込まれたような印象を持たせることのないような配慮が必要であろう。

人間は無限の可能性を持っているとはよくいわれることであるが、ことに若い生徒に自己の将来の可能性に望みを失わせるようなことがあってはならない。この点から差し当って問題になるのは、大学進学への道である。現在多くの生徒にとってその重大関心事は大学進学のことだからである。それがもし教育課程の多様化によって、将来大学進学への道を失うことになる—少なくとも本人にそう感じさせる—ことは、当人にとっても大きな打撃となり、失望感となって、種々の問題を派生することはすでに経験ずみのことであり、ひいては多様化本来の趣旨を疑わしめる結果ともなるであろう。

これについては、高校の教育課程多様化と同時に、これに応ずる大学制度の改革が是非必要である。戦後の学制改革によって、かつてそれぞれ特色を持っていた専門学校も一様に新制度下の大学となり、それらがいずれも画一化されて何の特色もなく、もしその間に差ありとすれば、一流校、二流校あるいは三流校という序列をもって見られているのが実情ではなかろうか。しかもそれらがいずれもアカデミックな学術研究を目指し、したがって入学選抜の方法もいわゆる主要教科が重視されて、本人の特性等は全く無視されてきた。そしてその結果は、高校においていかに適性に応ずる教育を力説しても、進学コースのみが正道であって、その他を選んだ者にとっては袋小路となり、選別の教育とも感ぜざるを得ない。したがって、自己の適性によっていずれかのコースを選んだにしても、志ある者にはこれに応じ得るように、大学の多様化とこれに伴う入試制度の改善、さらには一般市民への大学開放が切に望まれるのである。もちろん大学進学のみが唯一の道と考える風潮は是正を要することであって、その方策についてはより大きな問題として別に検討されねばならない。

㈢

次に従来、生徒の不得意な科目にたいしては、その内容を平易に、単位数も減少するという方法がとられてきたのであるが、この方法のみを安易に採用することは一考を要すると思われる。もとより適性の伸長を図るために、他の科目が軽減されねばならぬことは当然であるが、それは安易に行われるならば、生徒の学力差を一層大きくし決定的なものとして、さまざまな弊害を生ずる恐れがあるからである。

ある生徒がある科目について成績が充分でない場合、本人の能力によることがあるにしても、今日その素質を充分見極める措置がとられているかという点については、大いに疑問がある。そのうえ複雑な社会環境下にあって、たまたま他の理由によって成績の不振を招いているようなことも往々にある。こうした生徒のためには、本人の素質を断定する以前に、何らか回復の機会が与えられねばならぬと思われる。

その具体的措置として提唱したいことは、従来の「出来る者より出来ない者にその負担を少なく」という方法に対し、「出来る者よりも出来ない者により多くの時間を」という方法の採用である。例えば、通常の生徒が五単位で習得し得るものならば、遅進者のために六単位なり七単位なり、より多くの時間を与えて履修せしめるよう教育課程に措置することである。従来の再履修や留年の制度、あるいは補習指導等はこの精神に基づくものであるが、それがともすれば懲罰的なものとなったり、生徒がいたずらに劣等感を抱く結果となって、充分その効果を発揮し得ない場合が多く見られたものである。この欠陥を補い、本人の自発的意志による選択によって、学力回復の機会を与えることは如上の欠陥を補ううえに大きな意義があると考えられる。

さらにこの措置はいわゆる袋小路を作らぬ対策ともなり、特に科学技術の進歩と共に求められる国民的教養向上の必要と、一方、高校進学率の上昇に伴う能力差の増大という矛矛盾解決の一方策ともなろうと思う。もちろん、このような措置は全科目に及ぼす必要はなく、国民として共通に必要な基礎的科目や、本人が将来特に必要と考える科目であって、能力差の生じやすいものについてのみのことである。ただし従来の通弊に鑑み、この措置が大学入試対策として悪用されることは、厳に戒めねばならない。

なお遅進者に対し、この制度を採用する一方、能力ある者には単位数、科目数のアンバランス調節のため、大学における教養科目を高校において履修し得るよう措置することも一案であろう。

(四)

第四に提案したいことは、教材の精選、簡素化である。今日高校教育が義務教育にも近い普及を見ているにもかかわらず、教育課程の設定には一部の選ばれた者のみが進学した、旧学制の観念がなお暗黙のうちに支配して、事態の変化に応じていない憾みがあるのではなかろうか。これは独り高校のみでなく、中学校においてすでに反省されねばならぬことであるが、この際、根本的に検討されて然るべきではなかろうか。教科書を見ても明らかなように、質量共に多くの生徒にとってまことに負担過重となり、種々の問題惹起の原因ともなっているのであって、それは生徒の能力差を論ずる以前の問題として検討すべきである。

こうした措置は、科学技術の進歩の激しい現在の時代的要請や、能力ある者への配慮からいろいろ異論もあろうが、いたずらに過重な質量の要求、それに加えて厳しい進学競争のため、身心共に余裕もなく追われた生活が、この年代の青年にどのような影響を与えているかは論をまたない。今日大学生の学問に対する情熱や研究意欲の低下はよく問題とされるが、その大きな原因は高校までのあわただしい生活にあるのではなかろうか。高校年代に教材の精選、簡素化によって能力ある者に身心の余裕を与えることは、大学入学後かえって自ら学ぶ意欲を生み、将来真の人材育成に、決して無駄ではないと信じるのである。

(五)

このたびの改訂では、多少体育重視の方向が察せられるが、私はこの際英断をもって、一層その方針の徹底強化を図られるよう願うのである。

いうまでもなく、今日交通機関の著しい発達、都市への集中化、さらに激しい受験勉強、テレビ、ラジオの普及等、各種の環境状況は生徒の日常生活における身体的活動を著しく奪っている。スポーツさえも、参加するより見るスポーツに変じている。これらの実情から、これを補うため学校体育が重要性を増していることは明らかである。それは単に肉体的鍛錬のためのみでなく、精神的にもこの年代の生徒に大きな影響を与えられると考えられるからである。今日学生運動がその主張は別として、まことに異常な姿を示しているのは、これらの現状と必ずしも無関係と言えないのではなかろうか。さらにまた観念と行動とが、とかく遊離しがちな現代青年の姿は、座学偏重の結果とも言えるのであって、身体的活動を通じる教育の必要が痛感させられる。ことに今日、経済的発展に伴う物質的欲求の容易な充足と、戦後の民主化による急激な自由の拡大とは、いわば無重力の世界に似てかえって青年から生活の充実感を奪い、不安と焦燥を与える結果ともなっていると考えられるが、こうした青年達の生活に充足感を与え、同時にまたその人間的成長を助けるものとしてもスポーツの重要性を感じるのである。

ところが、現在の体育はわずか週二、三時間であり、それもとかく受験対策のため軽視されがちの学校があることもよく耳にするところである。また体育クラブの活動が以上に述べたような役割を果すのに大きな貢献をしていることは誰もが認めるところであるが、時間や施設の制約から一部生徒に限られている。したがって広く一般国民の育成として考えるならば、全生徒を対象とする正課体育の強化改善以外に道はない。日常生活に具体的活動を伴う機会の多かった戦前の中等学校においてさえ、体操、教練、武道と学校の正課における体育的教科のウェイトは相当なものであった。まして現在の学校においては、せめて一日のうち一度くらいは思う存分汗を流すような機会を与えるべきではなかろうか。最近西ドイツにおいては、国家百年のため、国を挙げてスポーツ振興に努めていることが報じられているが、体育が青年の健全な成長に必須のものであることを思えば、われわれももって範とすべきでなかろうか。(昭和四十四年稿)

(追記)

この項に、体育は単に体力強化のためのみでなく、この年代の子には一日一時間くらいでも汗を流すほどの運動を課すことが精神面にも重要であることを述べているのであるが、最近生徒や学生にボランティア活動を課すべしとの主張がされている。これはちょうど私の体育教育を必要とする主張と軌を一にするものではないかと、意を強くしたしだいである。

(六)学制改革愚案

1 修業年限

現行6334制を改め、次のごとく15444制とする。

(1)義務教育

幼稚園一ケ年　五歳　情操教育と共にしつけ教育を主とする。

小学校五ケ年　六—十一歳　初等教育
中学校四ケ年　十一—十五歳　前期中等教育
(2)高等学校四ケ年　十五—十九歳　後期中等教育、ただし能力ある者は三学年より大学進学を認める。
(3)大学四ケ年　十九—二十三歳、十八—二十三歳　高等教育

2 修業年限変更の理由

(1)しつけ教育強化の必要が感じられる現状に鑑み、幼稚園教育一ケ年を義務制とし、情操教育と併せ、幼児期に家庭と協力して、家庭におけるしつけの検討徹底を図る。
(2)中学校、高等学校がそれぞれ共に三年の短期間に区切られているが、次のような諸点から、年限を一年延長して四年制とする。

イ　青年前期の重要な年代に細切れの現行制度では落ち着いた教育が行われ難いのみならず、あわただしく上級学校進学の準備に追われ、心身共にその弊害を大きくしている。その弊害を多少とも是正するため、共に一ケ年の延長をする。
ロ　この年代の人格形成に重要な上級生、下級生の関係、あるいは同級生同士の結びつき等、生徒相互の切磋琢磨は極めて重要であることを考え、その機会を出来る限り強化するためにも年限の延長を図る必要がある。

ハ　全教員が生徒各個人と接触する機会を出来る限り多くすることは、生徒指導上重要であることを考え、これを可能にするためにも在学年数を延長し、同一学年の生徒をより少なくするよう措置する必要がある。いわば現在の「薄く広い」構成を「厚く狭い」構成に改める。このための措置は学級定員の縮小より先行されることが望ましい。

ニ　高等学校三学年より大学進学の道を開き、本人の能力や自発的努力を認めると共に、第四学年は浪人生活を強いられている者の多い現状の改善にも資する。

3　教材の精選簡素化

教材の精選と共に教科書の簡素化を図る。小・中・高校を通じて思い切った教材の精選・簡素化を図り、生徒が追われる生活からむしろ追う生活になるよう改めることにより、真に生徒に自発学習の意欲を持たせることができるであろう。

さらに教材の精選から教科書も簡略化を図り、生徒の自発的な学習を促すと共に、指導者の敷衍による肉付けを重視することにする。したがって指導者の能力いかんが一層問われることとなり、教師は絶えず研修と工夫への努力が求められるであろう。

しかし他の社会においてその努力の結果が、地位の向上や経済的利益をもって報いられるのに対し、こうした報いのない教育界においては、かかる点を考慮して特別の待遇改善と研修への機会や援助が望まれる。それによって教員に対する一般の任務も増し、教員自身の自信と自覚も一層向上するであろう。（昭和五十八年稿）

二　大学教育について

（一）大学の多様化

戦後の教育制度改革に伴い、あまりに単一化され、一流校、二流校等もっぱら格差によってのみ判別されている状況の大学を多様化し、各校それぞれの特色化を図り、同時に大学進学者の増大した今日、各々その適性に応じて入学校を選択し得るよう図ること（これは今日多分に実現されてきた。平成十三年追記）。

（二）大学を「入るはやすく出づるは難い」所とすること

今日わが国の大学は「入るは難く出づるはやすい」と言われ、このために激しい入試対策に、家庭も多大の時間とエネルギーを費やし、わが国教育界に大きな弊害を来している。しかもいったん入学後は、ただ卒業証書を入手するのみが主となり、真に大学教育の実を挙げていないような傾向なきにしもあらずである。こうした弊風を改め、大学では優秀な学生を集めるため、入学選抜に努力すると共に、有為な卒業生を送り出すことに、より一層の改善努力が望まれる。このために、

●単位認定についても大学の権威をもって厳正化を図ること

●卒業にあたっても一定の研修成果の認められる者のみに学士号を与えること

●卒業認定の厳正化と共に中途退学者に対する一種の偏見現存の風潮是正を図ると共に、在学中取得した単位に対しては社会的に相応の評価が認められるよう図ること

(三)大学入学資格検定試験制度の採用

先述のとおり大学入学受験競争は年々激化し、下は幼稚園に至るまで、教育界に大きな悪影響を及ぼしていることは、周知のことである。しかしそれが競争試験である限り、その改善策の効果は五十歩百歩である。しかもその影響は学問に対する姿勢にも及び、将来の人格形成にさえ及んでいる。この現状打開のため、私はあえて大学入学の資格検定試験制度の採用を提案したいと思う。その理由は、

イ　検定制度は自己自身との競争であって他との競争でない。

ロ　したがって受験準備教育の競争激化を来たすことなく、高校教育以下の正常な努力を促す。

ハ　基礎学力の充実に主力が注がれ、基礎学力を疎かにして徒らに大学進学を志す如き弊をなくし、大学教育の充実にも資する。

(四)入学者選抜の方法の改善

イ　大学入学資格検定試験合格者のみを対象とする。

ロ　選抜の方法は各大学・学部の方針を中心として本人の適性によって選ぶ。方法は、面接、作文、適性検査、学校の推薦、必要によっては特定科目の試験等による。なお入学資格検定試験には徒らに難問によることなく、高校の教科を充分修得しているか否かによって判定されること。

(五)大学院大学の設置

各大学付設の大学院のほか、真に優れた研究者養成の時代的要求に応じるため、独立の大学院大学を設立すること。

(六)大学の開放

学歴尊重の弊風を改め、実力が認められる社会実現を図ると共に、真に学ばんとする者のため、大学の開放を図ること。例えば、

イ　夜間大学の増設（特に国公立）

ロ　公開講座の開設（可能な限り長期継続）

（七）現状の各種資格取得に一定の学歴を前提条件とする制度を廃し、自助努力する者への道を開くこと。

三　専修学校の拡充強化策

今日、青少年の適性能力に応ずる教育が重視され、種々の方策が試みられているが、現在の制度下では自ら限度があるのみでなく、各種の思わぬ弊害も生じていることは周知の事実である。とりわけ小学校においてさえ学習不適応児がまま存在するうえ、義務教育も延長され、さらに全入に近い高校教育の普及により激しい受験勉強が強いられ、学習不適応を来している生徒がますます増加しているであろうことは明らかである。そのために各種不幸な弊害が生じていることは先にも述べたところである。

学習には不適応であっても、どの子供にも大なり小なり何らかそれぞれ特性があるはずである。これらを見逃すことなく、それぞれその特性を伸ばすことを忘れてはならない。

こうした観点から私は専修学校（仮称）の一層の拡充強化を特に願うのである。以下それについての構想の概略を記すことにする。

(1)中学校卒業年代の青少年を対象とする。

(2)履修範囲の拡充

従来の技術、技能のほか、真に各自の多様な適性に応ずるため、その専修範囲の拡充を図る。

美術、音楽、芸能、外国語、伝統的な技術や技能、時代の要請に応じたもの、地域特有の産業に関するもの等。

(3)講師

イ　教員という概念を脱し、多年その道に従事し、その技術や知識について経験豊かな定年退職者。

ロ　現にそれぞれの職域に活躍している人。

ハ　業界より推挙された人等。

(4)それぞれの業界や団体と充分連絡し、協力を得たうえで実現を図られること。

(5)小・中学校の空き教室を利用するのも一案、これくらいの規模にするのが望ましい。

(6)修業年限は一応三年とし、さらに高度の研修を望む者のため、二年程度の専攻課程を設けること。
(7)卒業者の就職については業界との連繋を密にし、特に意を用い、その実績を挙げることに努力する。
(8)高校卒業資格を望む者や、自己の研修に特別の知識を必要とする者のためには高校の定時制・通信制を利用する便を与えること。

第三章　教育雑感

一　育てること

私はいつも植木屋さんが植木の手入れをしているのを見るたびに、私達の仕事である教育もこんな具合にできたら、とよく思わせられる。じっと植木を見つめながら時々パチッと鋏をいれる。それは一体何のためなのか、私達にはわからないが、植木屋さんにとっては、この鋏が来年の新芽を吹いた後の植木の姿、いやもっと長い何十年先にこの木が成長した姿を頭に描いてのことであるに違いない。先日もある書物（『職人衆昔ばなし』斎藤隆介著・文藝春秋）に、有名な造園師の話として、次のようなことが書かれているのを読んで、まことにこれあるかなと思ったことである。

「庭というものは、できたその時だけを考えて作ったってサマにはなりません。木も草も竹も、いや石だって育つもんですよ。できて何年たつとこの木がこう育つ、この木の芽の色はこう、あの木の芽の色はああ、と芽吹きの色まで頭に置いて作るのがほんとの庭ってもんです」

子供を育てる教育の仕事もこれと同じである。教育の本当の効果は何十年過ぎて、子供が成人した時に初めて現れるものなのである。教育界では、子供の頃「何のために」と疑問を持ち、反抗さえ感じられたことが、何十年の後になって感謝をもって語られるような例も少なくないのである。

しかし、熟練した植木屋さんが、何十年先の姿を頭に描いて手入れをするように、子供の教育において何十年先を見通して、今の教育のあり方を知ることは並大抵のことでなく、真剣に考えるとまことに恐ろしいことである。それだけに長い経験と深い洞察が必要であって、教育の制度なり方法も一朝一夕に出来上がるものと考えてはならないであろう。

この意味では戦後急激に改められた教育制度が、簡単に定着しないのももっともだし、いわゆる教育ママさんの願いが、思わぬ結果を生むのも、またやむを得ないことである。

多分大正末期から昭和初期頃のことなのであろうが、教育界の一つの主張として「一切衝動悉皆満足主義」というのがあったように記憶している。詳しい主張の内容は知らないが、その言葉の意味から察すれば、子供の成長に応じて現れる衝動をすべて満足せしめることが円満な人間形成の道であるとでもいうのであろう。こんな解釈は私の臆測に過ぎず、したがってこの臆測の当否は別として、こうした考え方には今日考えてみなければならぬことがあるように思われる。例えば幼児がままごと遊びに熱中し、少年が冒険に憧れ、青年が哲学や宗教など人生問題の思索に沈潜し、あるいは芸術の世界に憧れる等は、年齢に応じる自然な欲求ともいえるが、それは本来人間の成長に欠くことのできないプロセスなのではなかろうか。

そうだとすれば、これらの欲求を適時適切に充足させることは、人間の円満な成長に最も大切なこととも言えるのである。ところが最近社会の複雑化や人口の過密化、物質文化の急激な発展、そのうえ子供は小さい頃から進学競争に駆り立てられて、遊ぶための時間も場所も奪われ、若い人達はとかく政治や経済の問題ばかりが大きく騒がれ、自分の権利や自由要求の声のみが高い今の社会のなかで、ともすれば自己を見つめることを見失い、現実的な世界にのみ走るようになるのも無理からぬことである。

こうして、いわば神の摂理とも言える人間成長の過程をふみはずしている結果が、今日異常な青少年の言動と全く関係がないとは言えないであろう。ルソーは「自然に帰れ」と言ったというが、われわれも今一度人間成長の原点に帰って、教育を見直すことが大切ではなかろうか。「一切衝動悉皆満足主義」とはいかにも奇矯な言葉であるが、このような意味で今日再考に値すると思うのである。

二　子供の生活にゆとりを

最近学校の週五日制が本格的に取り上げられてきた。しかし私はその実施には今日の実情から簡単に賛成し難いものがある。その目指す目的の一つとして、子供の生活にゆとりを与えるといわれているが、このこと自体は今日まことに望ましく歓迎すべきことである。いうまでもなく、子供の健全な成長に遊びの大切なことは広く説かれていることで、その遊びに大切なのがゆとりある生活である。子供はゆとりさえあれば小石一つ、棒切れ一本でも巧みに工夫して遊ぶことができるのであって、その遊びのなかでこそ子供は心身ともにたくましく成長してゆくのである。

しかし今日子供の生活にゆとりを与えるため、簡単に学校の週五日制を、との政策には多大の疑問を覚える。もし子供の生活にゆとりをというならば、あえて五日制によらずとも、子供の学校生活には、夏休みをはじめ冬休み、春休みと長い休暇があるうえに、毎日の放課後にも充分自由な時間があることは、それぞれ体験ずみのことである。それを今日のように子供の生活をあわただしいものにしているのは、一体何であろうか。それは子供の塾通いの激化であることはいうまでもない。学歴の問われる今日、親も子も、少しでもよい学歴をつけ、少しでもよい就職をというのが最大の願いとなるのも、人情の常であろう。その結果はまた、少しでもよい学校に進むため、塾通いとなるのももっともな成り行きである。こうした状況下で子供の生活にゆとりをとの目的から、五日制が実施されたとしても、結果は塾通いを一層増加させるだけに終わる恐れが多分にあろう。しかも五日制により従来六日間の学習内容が五日間に凝縮され、結局子供に一層切り詰めたあわただしい生活を強いることにもなるであろう。

こうした現状下、真に子供の生活をゆとりあるものにするには、学歴偏重の社会的風潮をはじめ、教育制度上の改革等根本的な問題にも逢着するであろうが、今はさておき、何よりも親達の、よりよい学歴からよりよい就職、そしてそのために、早くから塾へという短絡的な志向には、一種の信仰にも似たものが感じられるのであって、それが今日のあわただしい塾通い熱の大きな要因となっているとも思われる。こうした風潮に対しては、親子共に今一度冷静に考え直すことが望まれるのである。

これと共に、塾通い熱の是正には、学校教育への信頼獲得が何より大切であろう。そのためには徒らに過分の期待を背負わされている今の学校教育の現状を改め、学校がその本来の任務である教科指導に専念し得る体制の確保が図られねばならぬ。わが国では終戦前後の不安な経過や戦後の急激な変革から、社会も家庭もその生活規範の混乱を来し、そのうえ最近の進学競争激化から、家庭ではもっぱら学力向上にのみ意が注がれ、本来家庭の任務である幼児からのしつけがとかく見過ごされてきた嫌いなしとしない。

その結果、今日学校ではその本来の任務のほかに、多大の時間とエネルギーとを生活指導に費やさざるを得ないのが実情ではなかろうか。ことに最近のいじめや暴力事件をはじめ、マスコミを賑わす不祥事もすべて学校の責任として報じられているのが現状である。家庭生活で重要な食事さえ、学校給食として今日なお学校の大きな任務として継続され、それを当然のこととして自他共に認めているのである。

こうした家庭と学校との任務の逆転ともいえる異常な状態を改め、学校がもっぱらその本来任務である学習指導（学力指導でない）に専念し得る体制を確立し、その成果に信頼を得ることは、今日徒らに塾に走り、あわただしい生活を強いられている子供の生活に、健常な日常生活を取り戻すに役立つことであろう。（平成四年三月記）

三　再び子供に「遊び」を

学校五日制がともかく試行されることになった。いうまでもなくこの制度は、日頃受験勉強等で追い込まれている今の子供に、ゆとりをというのがその大きな目的の一つであろう。これは言いかえれば、子供に子供自身の生活を返してやることであろうが、子供の生活のなかで大切なものの一つは「遊び」ではないかと私は思う。

先にも述べたように、元来子供は自分らで工夫して遊ぶことができる。しかもその遊びは誰に教えられるでもなく、自分らで工夫してするところにその本来の姿がある。例えば子供はよく石を集めたり、虫とりに熱中するが、これも人から言われてするのでは遊びとならない。もちろん、時に周囲からアドバイスを与えられたり、場所や機会を与えられることがあっても、いろいろ失敗を繰り返しながらも、自分で工夫をこらして、一生懸命熱中している姿が本当の遊びの姿なのである。こうして時には喧嘩をしたり、時にはあえて危険を冒すような遊びを試みたりしながら、子供は身も心も共にたくましく成長するのである。こうした遊び心は成長と共にその幅や深さを加え、やがて探究心ともなり、研究心にも連なるのではないかと思われる。

かく思えば子供の遊びこそその成長のため、自然から与えられた大切な能力と言わねばならない。しかし残念なことに受験競争の激しい今日、子供らは幼いうちから追われる生活によって、遊び心を奪われているばかりでなく、不幸なことに遊び友達も少なく、遊べる場所さえ恵まれない状況下にいるのである。これら不幸な条件を改めることはなかなか困難なことではあるが、子供の健全な成長に、ひいては国家将来のため、単に五日制の措置に止まらず、為政者も家庭も学校も挙げてその改善に努力されんことを願うのであるが、せめてこのたびの五日制の趣旨の多少とも生かされんことを願うと共に、子供の遊びの真の姿を誤らぬよう周囲の大人達も心すべきであろうと思うのである。(平成四年九月五日記)

四 アポロ13号のニュースを見て

戦後、自由だとか、また合理主義、民主主義とかいったことが、やかましく取り上げられてきた。惨めな敗戦を招いた神がかりの時代を振り返ってまことに当然のことである。

しかしこれらの考え方が果たして正しく理解されているであろうか、何か自分勝手な解釈がされてきつつあるのでないかと思うことが多い。

例えば人権の尊重が自分だけのものになったり、自由は他から与えられるものだと考えたり、もともと自分に厳しいものである合理主義が、自分の判断だけを独り尊しとすることになったりしてはいないか。民主主義の平等の原則は、各人への絶対信頼のうえに成り立つものである。したがってそこには、各人がその信頼に応え得るだけの人間となることが期待されているのだと思うのであるが、こうした自分自身の努力は一向おかまいなく、ただ平等の権利だけが主張されるようなことはないであろうか。

元来合理主義といい、民主主義といい、あるいは自由・人権の尊重といわれる一連の考え方はあくまでも自己自身に厳しい姿勢のうえに成り立つものだといわれる。ところが、権利や自由は自分だけのものだし、合理主義とは自分の考えていることだけが正しいものだということになれば、それは結局、極端な利己主義に奉仕し、この世は自分中心に動くといわんばかりの思い上がりと傲慢さを育てることになるのである。

せっかく立派な道に再出発したわが国には、果たしてこのような誤りがないであろうか、充分反省する必要があるように思われる。最近何かあると、それは社会が悪い、政治の罪だといってその責任が追及される。もちろんそれは大切なことであるが、一体自分には何の責任もないことなのか、ましてやこの民主主義下でそんな社会や政治を作り支えているのは誰なのか、の声はあまり聞かれないのであるが、これなども決して先の誤りと無関係でないように思われる。最近またいろいろの公害といい、深刻な社会問題といい、目覚しい発展のなかにありながら、全く行き詰まりを思わせるような事態になったのも、こうした誤りからきたものではなかろうか。

こんな反省に関連して今に忘れ得ないのは、先だってアポロ13号の時のニュースである。いうまでもなく、アポロ13号は不幸なことに機械の故障によって地球に引き帰さねばならなかった。私はそんなことが果たして無事できるのかと、固唾を呑んで見守っていたのである。結果は見事に成功して無事回収された。私は12号が成功した時以上に科学の進歩と、人知の偉大さに驚嘆したことであった。しかしそれよりもなお私の心を打ったのは、無事着水し、カプセルから船艇に降り立った飛行士が、まず神への感謝を捧げる姿であった。なんという敬虔な姿であろうか。「これがもしわれわれ日本人だったら」、そんな思いがすぐ私の頭をかすめたのである。合理主義・民主主義といい、自由・人権という一連の思想はもともとヨーロッパではこれらが実際生活のなかでどうあるのか、私にはそれを語る資格はない。しかし偉大な人知の成功を前にして、なお神への祈りと感謝の精神の生きている姿に、心からうたれると共に深く考えさせられたのであった。

五　「思いやり」について（「故郷《ふるさと》」についてのコンクールに応じて）

今年は戦後五十年である。これを機に過去の戦争について各種の反省が行われているが、こうした反省と共に、私達がこの五十年の間に失ったものへの反省をもすべきではなかろうか。なかでもその一つは、わが国民が戦前より長い間に培ってきた「思いやり」の心を失ったことではなかろうか。

それは衣食にさえ事欠く戦中戦後の悲惨な生活をはじめ、引き続き個人の人権や自由の確立を図る民主主義改革への道で、つい他人のことを思いやる心が誤り受け取られ、さらには急激な物質的生活の豊かさによる心の奢りからでもあったであろう。

わが国は治安のよさで海外の評価を得てきたことを誇りともしたのであったが、これも一つには国民の間における「思いやり」の心の存在によってではなかろうか。それが今日、連日のように報ぜられる残忍異常な事件の続発によって、一般市民は生命や財産の保持にも不安を覚えるような情勢となり、その風潮は陰湿ないじめとなって、子供の世界にも及んでいる。こうした情勢を思う時、わが国の治安のよさに対する評価も今や返上しなければならないであろう。ことに老人対策は緊急の課題であって、今後この対策はますます充実をみるであろう。しかしこれらの施策も「思いやり」の心で結ばれた人々の背景があってこそその本来の趣旨が生かされるのであって、それなくしては立派な施設も単なる姥捨て山となるであろう。

＊

最近人の心をつなぐものとして、「愛」という言葉が盛んに使われる。若い男女の愛物語をはじめ、隣人愛から広く人類愛や、「愛の○○運動」等さまざまである。

しかしその愛で結ばれ、多くの人から祝福されてできたカップルが破綻した話や、可愛さ余って憎さ百倍等となって、愛の破綻が激しい憎悪になったりする事件もよく聞く話である。日常近い話で、混み合う電車の中で、よろめく老人を目の前にして、全く無関心で眠っている女学生の姿はよく見る光景である。もちろん昨夜の猛勉強のため本当に眠っている人もあるであろうが、しかしなかにはそうとも思えぬ人も決して少なくない。愛という言葉を最も好んで使うであろう若者にしてこれである。

私はこうしたことを見聞きすることの多い近頃、「愛」とは何かの疑問に遭遇するのである。私はこの疑問の答えを手っ取り早く『広辞苑』(第二版)に求めた。そこには「愛」について多くの例をあげたなかに、その第一義として、「或るものにひきつけられ、それを慕い、あるいはいつくしみ、かわいがる気持」と説かれている。この説によれば、愛とは何かに心ひきつけられるところに生まれると解されるのであって、もし心ひかれるものがなくなれば、愛もまたなくなるのが当然である。愛によって結ばれたカップルが破綻に終わったり、愛がかえって憎悪になるのもうなずかれる。愛はまことにはかなく、また一方的なものとも言わねばならない。

ことに今日、世界各地に見られる民族や宗教による激しい闘争はもちろん、先進をもって任ずる大国間の利害による対立を見る時、こうした「愛」は本当に人を長く、広く、また純粋に結ぶものとはなりえないのでなかろうか。では本当に人と人とを長く、広く、また純粋に結ぶものはなんであろうか。こう考えてくる時、それは平凡な言葉ながら「思いやり」の心ではなかろうかと私は思うのである。美しい夫婦愛でも、実はそれが互いの「思いやり」となってこそ本当に美しく深いものとなるのではなかろうか。

＊

東洋では古く「恕」という教えがある。わが身になって人のことを思いやる教えである。わが国でも昔から「向こう三軒両隣」とか「遠い親類より近くの他人」の言葉どおり、人と人との「思いやり」で結ばれた人間関係を大切に、またそれによって本当に心の安らぎを得ることを教えられてきたのであった。このたびのコンクールに取り上げられている「ふるさと」も実は、「向こう三軒両隣」の言葉に見られる「思いやり」の心で結ばれた関係の広がりではないであろうか。もちろん山や川、生まれ育った自然も「ふるさと」の大きな要素である。しかしこうした自然だけでは本当にわれわれが求める心の安らぐ「ふるさと」とはなりえないのではなかろうか。「ふるさと」とは、人と人とが互いに思いやる心で結ばれた所、それがわが村であり、わが街であり、わが郷土であり、わが母国であり、さらに大きく地球もまた人類の「ふるさと」たり得るのである。今日平和を求める声が高いが、これも要は「思いやり」によって全人類がより広く、より長く、また純粋に結ばれ、地球が人類のふるさととなることだとも言えるであろう。

しかし、先にも述べたとおりの現下の情勢を思う時、それはあまりにも大きな理想であり、遠い遠い夢でもある。けれども人間の善意を信じる限りいつか果たさるべき理想であり、人類の歴史を支えるものと信じなければならない。

＊

あれこれ考える時、その道は遠く、現実との距離の大きさを思えば、声を大にして叫ぶことも大きな運動を展開することも必要であろう。しかし、それが単なる標語に終わり、議論の対象に終わることでなく、目標は大きくとも道は近きにあることを心すべきことである。泣く子があればなだめてやり、足の不自由な人には席を譲り合い、不幸な人は互いに労りあう日常生活のなかで、一人一人が互いに労りあい、思いやる小さな心の交流が、やがて大きな結果を生むものではなかろうか。

このたびの阪神大震災はまことに不幸な出来事であった。しかし各地から駆けつけた多くの人達の日夜を分かたぬ渾身的なボランティア活動は、悲惨な災禍のなかにある人達にいかに大きな心の安らぎと勇気を与えたことであっただろうか。そしてそこには「思いやり」の心で結ばれた美しい人の心のつながりができたことであろう。だがこれらの人達の活動を支えたものは何であっただろうか。それは世界の平和や、広い人類愛を叫ぶことでなく、ただ被災に苦しむ人達に対する「思いやり」の心であったのではなかろうか。

繰り返すまでもなく、阪神・淡路大震災は言語に絶する不幸な出来事であった。しかしそれはとかく忘れかけていた、長く、広く、純粋に人の心を結ぶ「思いやり」の心への大きな警鐘であり、同時に明るい将来への展望でもあった。

＊

以上、私は「思いやり」について、あるいは本コンクールの趣旨を逸脱するのではないかと恐れながら、その重要性を述べてきた。

しかし「思いやり」と言い、「人の痛みを知る」ことは、単なる知識による理解や説明に止まらず、真の心情として、互いに人の痛みを感じ、いたわりの心を身につけることでなければならない。

こう考える時、それは一朝一夕でなく、平素の生活のなかでこそ養われるものとして、家庭の生活のなかでのしつけや、社会生活での周囲の人達の心掛けに負うことの大切さが思われる。しかし今日教育と言えばとかく学校教育に期待され、この傾向はマスコミの報道姿勢によることでもあろうが、最近ことに甚だしいものが見られる。しかし学校教育は決して万能ではないことを官民共に反省しなければならない。学校は注文すれば何でも作り上げてくれる工場ではない。それは家庭教育、社会の教育環境のなかの一端としてその任務を受け持っているのである。

最近のことであるが、小生米寿の年にあたり、ある奉仕団体の後援で、小学生から「米寿お祝い」の手紙をいただいた。恐らく小学校でも低学年の子供であっただろう。先日キャンプに行ったこと、そして生きたにわとりを料理するのを初めて見せてもらったことを述べ、「ぼくは気持が悪かったです」というただそれだけのたどたどしい文章であった。私はこの催しが果たして何の目的で行われたかは知るよしもないが、こうした初めての体験をただ「気持が悪かった」だけに終わらせたことはまことに残念である。私は「君が気持が悪かったのは、きっと君がやさしい気持を持っていたからであろう」として、いたわりの気持の大切なことを書いて返事をしたが、こうした心ない子供の扱いを繰り返し残念に思った。これはまことに小さな出来事であるが、実は人の痛みを感じ「思いやり」の心を身につけさせるには、こうした日常の些事のなかに周囲の者の心遣いが望まれる。ことに反省されねばならぬことは、先にも述べたとおりの戦後五十年の経過から、家庭教育（しつけ）の空白や混乱である。しかもその空白を埋めているのが徒らな学力主義である。こうしたなかに育てられる子供に果たして「思いやり」の心が育つであろうかと思う時、一種の恐れさえ覚える。

以上、このご企画に深い敬意と喜びを覚えつつ老人の勝手な愚見、ただ多謝するのみである。（平成七年九月記）

六　若き日の歌を読んで

今から六十余年前、私の若い頃の歌を読み返し、歌とも言えぬものながら、今さら世の変遷を思い起こされて、まことに興味深いものがある。

火は消えてうすら寒きに冬の夜を独り思へりわが生くる道

当時若い人々は「人生いかに生くべきか」と真剣に思索したものである。及ばぬながら

私もまたその一人であった。しかし一方、

春の日の広き河原に砂とれる若き男《を》の子の思ひなげなる

こうして自分の仕事に何の迷うこともなく打ち込む若者もあったのである。若者ばかりでなく子供達には、

奥山は秋深みゐん夕されば栗の実とりて子等帰りゆく

実った栗の実のついた枝を手に三々五々、夕暮れの道を嬉々として家路へ帰り行く子供の姿がよく見られたものであった。今から思えばひとしお懐かしい光景である。当時は物が欠乏し、貧しい時代であったが、人も子も心は豊かな時代であった。

七　大人の心遣い

近頃学校関係者が一番頭を悩ますものの一つは学生生徒の政治活動といわれるものである。ことが政治活動であり、それはまたイデオロギーを伴ってのものであるだけに、なお一層取り扱いに悩むのである。

　こうした激しい学生運動が起こった原因は、時代のせいであることはもちろん、戦後の風潮や教育の欠陥など不幸な原因が重なっていることはよく指摘されているとおりである。しかしそうした事件が起こるたびに私達当事者が感じることは、世の指導者と目される人達の言動やマスコミの取り扱いについての不満である。

　確か六十年安保で、生徒が相当動揺した時であったと思うが、私は次のような譬え話をして父兄に協力を願い、私自身の心構えとしてきたことであった。それは、かりにある家庭で夫婦喧嘩が起こったとしよう。そんな時年頃の感じやすい子供であれば、この喧嘩を見て心配のあまり意見をさしはさむのは当然で、それがもしも全く無関心であるようならばかえってどうかしている。ところが、この時たまたま子供が自分のほうに味方してくれたからといって、これをよいことに一緒になって相手を攻撃するような親があったとすればどうであろう。「いや、お前は心配するな、これは私達の問題だから二人で話をつける」といって子供をなだめるのが本当の親の態度であり、大人の心遣いというものではなかろうか。それを子供にけしかけてわざと喧嘩に巻き込むようなことがあってよいはずはないのである。

　まことに卑俗な譬えであるが、今日の学生運動には、このような大人の子供に対する心遣いを忘れたことが多い。そしてそれが一層過激化に拍車をかける結果ともなっている。

ことにこうしたことが、社会で自他共に許した指導的地位にある人達のなかに多いのは、何ともおさまらぬ思いである。進歩的学者という言葉があるが、昔からこう称されるような人達は、社会の先覚者として、あるいは時代に容れられない運命の人が多かった。しかしそれが今日では華々しくマスコミにのって、時代の迎合者といった感じさえ抱かせるのは何としたことであろう。明快な論理と透徹した先見の明をもって、社会を啓蒙してもらうことは結構である。しかし成人にも達しない若い人達に対しては、もう少し大人としての心遣いをしてほしいものである。もちろんことによっては若い人の自覚を促し、大いに激励することは大切であるが、もともと社会問題の多くはわれわれ大人の責任で解決しなければならぬことである。したがって大人同士が互いに議論を闘わせ、時には身を挺して運動の先頭に立つことは結構である。しかしそのために若い人達をわざと巻き込むようなことはなるべく慎みたい。まして自分は安泰な地位にいて、あるいは人の子の一生を左右するような問題に、若い人達をけしかけるような態度は何としても許されないことだと思う。(日米安保騒動の頃)

八　一人っ子傾向について

最近、核家族化と共に一人子の増加傾向である。先日たまたま三十歳余りのお母さんが、大きな荷物を手にしながら赤ん坊を背負い、そのそばに小さなリュックを背にした二、三歳の子が、この子の姉さんであろう、まだ小学校にも上がっていないような女の子に手をひいてもらって、よちよちと歩いている。小さい子のリュックには多分この子の物が入っているのであろう。また手をひいている姉の片手には、母の荷物の一部とも思われる包みが提げられている。この様子を見て、三人の子を育てる一家の苦労がさぞかしと察せられると共に、何かほほえましい姿に心打たれ、この子らの将来の姿まで頼もしいものに思われた。物資も豊かになった今日、子供は少し産んで、金や手間をかけ立派に育てようとする傾向も見られるが、先の親子のようにして育つ子と果たしていずれが人間成長に幸せかは必ずしも一概に言えないであろう。

近頃子供にはとかく楽しいことと面白いことをさせてやることが、大切に育てることのように思っている親も少なくないようである。もちろんそれも親心として当然のことではあろう。しかしそれだけが子供を大切に育てる道ではないことを知ることも必要である。

父道当に厳中慈を存すべし
母道当に慈中厳を存すべし

と説いている佐藤一斎の言葉（『言志晩録』）は味わうべき教えではなかろうか。

九　自然の中に育って

(一)梅の香

私の家の庭には梅の古木があった。山奥の春は遅くて、四月三日、旧の雛節句の頃がちょうどその花が満開であった。庭を囲う塀の上から春の日に照らされて、白い花が匂いをただよわせる頃、裏山で鳴く鶯の声もようやく聞かれ、家の中では奥の間の床に雛人形がいっぱい飾られていた。そのお雛さんに供える草餅の蓬摘みはもっぱら子供の仕事であった。田の畦や川辺の岸はまだ枯草が黄色いままであったが、蓬だけが地に這って青く芽を吹いていた。暖かい日ざしの中を、新しく買ってもらったいどこ（竹で編んだ籠）を持って、姉達の後について小さな子供までがいそいそと蓬摘みに行ったものである。まだ冷たさの残るしる田の中に入ってたにしを取ったり、春の日に底まで明るい小川の岸辺で、銀鼠色に芽吹いた川柳の枝を折ってくるのも、節句を迎える子供の仕事であった。あれからもう何十年、私は今でも梅の香をかぐと、その頃のことがまざまざと懐かしく思い起こされる。私にとってその梅の香は、いつまでも故郷の春を残してくれるものなのである。

(二)木犀の香

梅の花が故郷の春を残してくれるならば、私の心に田舎の秋を残してくれているのが木犀の香である。

私の家の長屋門の脇に金木犀の大きな木が植えてあった。この花が匂いをただよわせるのは、ちょうど家の上の畑にあった柿の実が色づく頃であった。特別に子供のおやつとてない田舎である。学校から帰ると本包みをおく間もなく、ふところ一杯に柿の実をつめて遊びに出かけたものである。

私の家には、屋敷の裏にくぼ柿や美濃柿の木があったが、これらは実のなりも少なくて、多く実をつけるのは、家の上の畑にある二本の八朔と呼ぶ柿の木であった。八朔は近所でも珍しく、その実は水分も多く、くぼ柿よりも一層大きくておいしい柿であった。今でももぎたての白い粉をふいたその柿の実の味は忘れられないものである。その二本あるうちの一本は地を這うように伸びていて、木に登って実をとるには都合よいようになっていた。高い山畑にあったので、その木に登ると、細い谷間の田んぼが遠くまで望まれた。ちょうど色づきかけた稲に、やわらかい秋の日が照って、谷間は明るく見渡されたものである。もうこんな景色を目にすることはできないが、街の中を歩きながら、どこからともなくただよってくる木犀の香をかぐと、子供の頃のこんな風景が、ふと目に浮かぶのである。

第二部

青少年諸君に贈る

（親子対話の一資料として）

はじめに

これは一校長として私が生徒諸君を対象に寄稿した原稿や、入学、卒業をはじめ、生徒諸君の集まった機会に話したことの手控えである。その多くは今から二十数年前、私が十九年間の校長生活を終わった機会に、自身の反省やら多年協力をいただいた多くの方々へのお礼の気持から「守拙二十年」と題して一応まとめていたものを主として、これに多少の手を加えおおよそ項目別に分類を試みつつ再録したものである。役目柄とは言え、今改めて読み返し、よくもこんなことをと恥ずかしくもあり、またその後社会も激しく変動し、今さら何をという思いもされるものである。しかし当時としては及ばずながら世相の流れも見つつ、教育界の実態にも触れながら、若い諸君への助言の一端にもとの思いから出た言葉である。今日の諸君にもなお何らか役立つものがあろうとの思いからあえて公にしたものである。なお、とかく活字に遠ざかりがちな現在の青少年の諸君には、進んで親子対話の一つの資料ともしてとりあげていただくならば望外の喜びである。

第一章　高校生のために

一　高校生への三つの願い

皆さんは今日からいよいよ高校生となられました。いうまでもありませんが、皆さんの昨日までの小学校、中学校九ケ年の学校生活は義務教育であって、皆さんが好むと好まざるにかかわらず、義務として受けねばならぬものでした。しかし今日からの高校生活は義務ではなくて、皆さんが自分から志願して選んだものであります。したがって皆さんはすでにこれからの三年間何をしようかという目標なり希望をもっていられることと思いますが、入学の日というこの機会に、私からも皆さんのこれからの高校生活に望みたいことを二、三申しておきたいと思います。

その第一は「学ぶ」ということであります。皆さんの学校生活にはいろいろの分野がありますが、何と言っても「学ぶ」ということが一番中心になることであります。そこで一体学ぶということはどういうことか、辞書を見ると「学ぶ」という言葉は「まねぶ」からきた言葉だとあります。つまり学ぶとはまねぶ、すなわち「まねる」ことであります。「まねる」とは、幼い子が言葉を覚えるのに親の言うことを口うつしにまねるように、何事をもそのままに受け入れて自分のものにすることであります。だから学ぶ者にとって一番大切なことは、素直な心になって謙虚に受け入れる態度であります。人を疑ったり、傲慢な態度では決して学ぶことはできません。私達が物事を判断したり行動する時、何と言ってもそれについての広く正しい知識が大切でありますが、こうした知識の獲得はまず素直に学ぶことから得られるものであります。また模倣よりも創造が大切だと説かれもしますが、実はその創造も、まず学ぶことから生まれるものではないかと思います。かつてゴッホ展を見た時、あの個性豊かな画家が、若い時分にまことに克明なデッサンを勉強しているのを見て、これあるかなと感じたことであります。対象を忠実に写すことを学んだ後にこそ、あの個性豊かな創作が生まれたものではないでしょうか。

皆さんの年代は何と言ってもできるだけ多くのことを学んで吸収する時です。またそのための学校生活であります。どうか何よりもまず謙虚な態度で素直に学ぶことを心掛けて欲しいと思います。

次に申したいことは「考える」ということであります。『論語』為政第二のなかに「学而不思則罔。思而不学則殆（学びて思わざれば則ちくらし。思いて学ばざれば則ちあやうし）」という言葉があります。「学ぶばかりで思う、すなわち考えることをしなかったら、本当の意味を知ることはできないし、また考えるばかりで学ぶことをしなかったら間違いを起こしやすい」といったような意味でありまして、学ぶことと考えることが、同時に大切であることを教えたものであります。

先に述べたように学ぶことは大切でありますが、同時に考えることを忘れては、学んだことも本当に自分のものとすることはできません。どんな栄養物でも胃や腸で消化して初めて血や肉となりますが、その消化の働きをするのが「考える」ことと言えましょう。古人が「口耳《こうじ》四寸の学」（耳で聞いたことをそのまま知ったかぶりに口にする、その耳と口との間、いわばたった四寸（十二センチ）の間だけを通した学問）と言い、「道聴塗説《どうちょうとせつ》」（こっちで聞いたことをそのままあっちへ行って人に知ったかぶりに話す）と言って戒めているのは面白い言葉であります。

また有名な数学者岡潔先生の思い出話のなかで、先生が中学五年の時、ある数学の証明問題を、冬休みの少し前から「家の出口のたたきのところで、消し炭を使って図を描いては考えこんでいた。これを冬休みに入っても続けていたところ、正月前にとうとう鼻血を出してしまい、まるで睡眠薬中毒みたいにこのあとずっと気持が悪くなった」（『春宵十話』）と、述べておられます。これでこそ大数学者にもなられたのだと、感心させられる話であります。

このように考えることは、学んだことを理解し自分のものとするだけでなく、実は人間として最も大切なことなのです。「人間は考える葦である」というのは有名なパスカルの言葉でありますが、その言葉どおり人間は風が吹いても倒れてしまいそうな、あの葦のように弱い存在であります。しかしそれは考える葦なのです。パスカルは「たとえ宇宙が彼をおしつぶしても、人間は彼を殺す者より尊いだろう」とも言っています。私達は腕力においてとても虎やライオンには及びません。あの鋭い嗅覚ではとても犬にはかないません。小さな蜘蛛にさえ細い糸を操る技にははるかに劣るのです。ただ人間には考える力がある。これこそ人間が何者にも優れたところなのであり、人間が人間たる所以でもあるのであります。

ところで最近若い人達に考える力がないとよく言われますが、それはある程度事実であるのはまことに残念なことであります。その原因はいろいろありましょうが、その一つにアチーブメントテストの影響が多分にあることがよく指摘されております。皆さんが高校入試に受けたテストはご承知のように、幾つかの答えのなかから正しいものに○印をつけるといったものですが、これは客観テストと言われるように、公平に採点できるという特徴もありますが、下手をすると宝探しのように、ちょっとした思いつきや勘のようなものに頼って、考えることがおろそかになる恐れがあります。同じ宝探しでも狭い部屋で、しかもどこかに必ず宝が隠してあるというならそれで成功するでしょうが、もし広い京都市中のどこかに隠してあるといった場合はどうでしょう。ましてもっと広くこの地球上のどこかに、しかもあるかないかもわからぬ宝を探せといわれたらどうでしょう。ちょっとの思いつきや勘でというわけにはいきません。この時こそしっかり考えなければなりません。勉強というものは本当はこういうものなのです。狭い部屋の宝探しのような、いわゆるアチーブ目当ての勉強は、本当に勉強しようとする人にとって最も警戒しなければならないことです。

さて考えよ考えよと言っても、それでは実際にどうすればよいのか。それも本当は皆さん自身工夫し考えるべきことだと思いますが、私はここで思いつく二、三のことを申したいと思います。

まず第一は、何でも「なぜ」と自分に問うてほしいということです。一つのことを学んでも、その結論を聞いてただ記憶するだけでなく、いつも「なぜ」と問いかけることが大切です。しかもそれは先生や友達に問うたり、参考書に頼る前にまず自分に向かって問いかけなければなりません。それでなおわからない時、初めて他に教えを受けるべきであります。それは楽な道ではありませんが、勉強の本当の面白さは、この努力を通して初めて生まれるものであると思います。

次に考える習慣をつけるため、私は皆さんに予習を勧めたいと思います。もちろん復習が必要でないというのではありませんが、自分で考える機会として、より一層予習に力を入れてほしいと思います。予習のことですから苦労も並大抵でないし、それでいて全部解答が得られるものではありません。しかしかりに解答が出なくても、予習をすることは考える力をつけるばかりでなく、学習のうえにも大きく役立つものであります。それは例えば石炭に火をつけるようなものだと思います。石炭のことだからちょっとのことではなかなか火はつきませんが、くすくすとくすぶっている所へは、一本のマッチをほうりこんだだけで、火はパッと一時に燃え上がるものです。予習というものはちょうど燃えにくい石炭をくすぶった状態にする役目をするもので、ああであろうか、こうであろうかと迷いながら教室に臨んだ人は、先生の一言で「ああそうであったのか」と理解することができるものであります。しかもこうして理解したことは、復習するまでもなく、しっかり頭に残ることでしょう。もちろん予習には時間もかかり、苦労もいたしますが、是非実行してほしいことであります。

さらに考える力をつけるために勧めたいことは読書であります。私達がものを考える時、まず大切なことは豊かな知識を持っていることであります。私はいつも、ものの判断には広く正しい知識が必要だと申していますが、その知識を得る道はいろいろあるにしても、私達にとって大きな力になるのは読書であります。評論家にしても思想家にしても、一般に物事を深く考える人は、すべて同時に大変な読書家であります。このように私達が考えるために読書が大切なのは、ただその前提としての知識を広めるためばかりではありません。それによって考え方を身につけ、またそれを深めるためにも大切なことであります。

考えるということは、いろいろの知識や考えの間の関係を明らかにし、これを組み立て、新しい知識なり考えを一つの体系として作り上げることだとも言えますが、こうして組み立てられた考え—思想、知識—を文字に書き表したものが一つの文章であり一冊の書物であります。したがって読書ということは、この文字を通じて作者の考えを自分の頭の中に組み立てていくことで、それは私達に考える方法やまたその力をつけてくれると思うのであります。ことにそれが優れた人達のものであればなおさらのことでありますが、私達は読書においてこそ、時の古今を問わず洋の東西を越えて、いかなる優れた人にも接することができるのであります。こうした意味から皆さんは是非読書に努めてほしい。ことに若い皆さんの年代には、精神的な成長に大切な栄養として読書に努めていただきたいと願うのであります。

以上「考える」ということについてずいぶん長い話になりましたが、それだけに「考える」ことは大切なことであり、また難しいことだと思うからであります。

さて、学ぶこと、考えることと共に、第三に申したいことは「試みる」ということであります。先にも言ったとおり皆さんの学校での勉強は、まず素直に学ぶこと、そしてそのうえに考えることが大切でありますが、さらに一層確かに身につけるためには実践による学習が大切であります。ことに社会生活に必要な資質や態度を身につけるためには、実際の体験を通じることが大切であります。皆さんの学校生活ではこのために生徒会やホームルーム活動等、いわゆる特別教育活動があります。皆さんは教室での勉強のほかに、是非これらの特別教育活動に参加してほしいと思います。ただここでこれらの実践を通じての勉強を、私は「試みる」という言葉で言い表している理由について、一言説明しておかねばなりません。

言うまでもなく「試みる」というのは「やってみる」ということで、それはもし失敗した時は「やり直す」という意味を含んだ言葉であります。若い皆さんには思う存分自分の意志をもって行動をしていただきたい。しかし改めて言うまでもありませんが、皆さんはまた未成年者であって、政治的にはもちろん、社会的にも、一人前に責任の負えない、というよりは、負わせてはならない年代であります。したがって皆さんの行動にはある限度があることも当然でありましょう。この限度が「試みる」範囲、言いかえると、失敗してもやり直しのできる範囲ということであります。皆さん自身からすれば、何でも責任をもって自分でやれると考えるかも知れませんし、その気持は大切でありますが、ことによっては先生や両親の意見に従って、その限度を守ることが大切であります。もし限度を越えて取り返しのつかないことになっては、皆さん一生の不幸となるばかりでなく、社会に対しても大きな迷惑をかけることになりましょう。これが特に「試みる」という所以であります。

以上、皆さんがこれからの高校生活に望ましいと思われることを三つ、学ぶこと、考えること、試みることについて申し上げましたが、どうか一つの参考意見として悔いのない高校生活を送っていただきたいと願っています。

二　敬と和

私は平素、本校教育の一つの目標として「敬」と「和」ということを話してきました。

「敬」というのは「尊敬」の「敬」で、「うやまう」ということであります。敬―うやまう―というと、普通「人をうやまう」ということだけに限られるようでありますが、敬うということは、人に対してはもちろん、すべての物、すべての事柄に対し、これを大切にし、おろそかにしない心だと思います。したがってこの心は人に接しては相手を敬い、自分に向かっては自分を大切にし、一つの動作をするにも折り目を正し、一つの道具、一本の草木を扱うにも、これを大切にすることであります。

しかしこのように人や物や事柄を大切にし、おろそかにしないことは、一体どういうことでしょうか。例えば立派な着物を作ったら誰でもこれを大切にします。けれども大切にするあまり、これを簞笥の中にしまったきりで、一ぺんも使わないことは、決してこれを大切にする所以でありません。そうかといってこれを寝間着にして着ることも、また大切にすることにならないのはいうまでもありません。だから本当に物を大切にするとは、その物の本来の役目を考え、その役目を活かすように心掛けることであって、いわばその物の本質を尊び、これを活かすように心掛けることであります。

われわれの生活で礼儀作法ということがやかましく教えられますが、実はこの礼儀作法も敬の精神の具体化されたものにほかならないのであります。例えば親には親として接し、友人を友人として扱うにはどうすべきか、一本の箒を使うにしても、どう扱うことがその本来の本質を活かすことになるかを工夫するところに生まれるものが、それぞれの作法であり、礼儀であると思います。したがって敬の精神は同時に礼儀作法の尊重になるのであって、われわれは物を扱い、事に処し、また人に接するにあたって、いつもどうすることが本当にそのものの本質を活かし尊ぶ道であるかを考えて、それにふさわしい礼儀作法を心掛けたいものであります。

このように礼儀作法が「敬」の精神から生まれたものとすれば、それは物事をこれはこれ、あれはあれとはっきり折り目をつけることです。言いかえると物事を区別し引き離す働きをするもので、それは同時に少しの容赦もない厳しいものになりがちであります。しかし私達の生活はこればかりでは油の切れた機械のように、まことにぎごちないものになって動きません。

そこに必要なのが「和」の精神であります。昔から「礼」と共に「和」の大切なことが説かれる所以であります。

「和」というのは、「平和」「調和」といわれる「和」であって、この字は「やわらぐ」「なごむ」「調子を合わせる」等の意味があります。「敬」の精神から生まれる「礼儀作法」は一つ一つを区別し、また少しのごまかしも許さない厳しいものであるのに対し、「和」はこれらを全体として調和しなごませる働きをするものであります。

こうした礼儀作法が人間社会の生活の秩序を保ち、けじめをつけるものとして大切なことはいうまでもありませんが、それのみにかかわっては、われわれの社会は成り立たないのであります。例えば、客をもてなす集まりに、あくまで礼儀作法は守りながらも、花を飾ったり室内を整えたり、楽しい話題を提供してなごやかな雰囲気を作ることに工夫したりするのが常でありますが、このように自分一人で生活のできない人間社会では、互いに和することなしに生活できないのであります。このことはちょうどオーケストラで、一つ一つの楽器がそれぞれ違った音色を充分生かしながら、全体として調和を保ち、美しい音楽を生むことにも譬えられましょうか。このように各々の本質や個性、立場を活かしながら、他人と和していかねばならないのであって、「礼」すなわち「敬」と合わせて「和」が大切なわけであります。

以上、「敬と和」について私の考えを申しましたが、皆さんもこのことについて折にふれ考えていただきたいと思うのであります。

三　追われる勉強から追う勉強へ

近頃、生徒諸君の勉強を見ていていつも感ずることは、何とかして追われる勉強を追う勉強に切りかえられないだろうかということである。

言うまでもなく高校は三年間という短い年限であるうえ、教科内容の分量も多く、その程度も相当高いものが要求されているということが、諸君の生活をまことにあわただしいものにしているのであるが、何といっても諸君を一番追いつめているのは大学入試ということであろう。

受験勉強の弊害は昔からいろいろ論議されているけれども、その最たるものは生徒諸君を追われる勉強にしていることだと思う。それでもこれを追い越すだけの力を持った者にとっては、受験勉強の生活も決して悪いものではないけれども、いつも気にしながら思うようにはかどらぬ者にとっては、気ばかりあせってまことに苦痛の生活である。受験勉強が苦しいものとされるのも、実は身体的なものよりも、むしろこうした気持のあせりからくるものが多いのではなかろうか。しかもこのように追われる勉強からくるあせりは、苦痛の原因となるばかりでなく、それがまたどんなに能率を下げ、その人の持っている力さえも出し切れぬようにするものであるかということは、誰でも経験することである。よくクラブ活動を始めると勉強のことが気になり、勉強をしようと思うとクラブ活動が気になる等ということを聞くことがある。またやたらと参考書を買うけれども、どれも初めのほうだけがよごれて後は手つかずに終わっている等といったことも多いのである。あせった時にはこれに類することが少なくない。そしてその結果は「溺れる者は藁をも摑む」の譬えのように、ついつい目先のごまかしに日を送って、勉強の本筋から離れてしまったり、悪くすると苦痛からの逃避が非行となったりもするのである。

このように追われる勉強があせりを生み、それがまた多くの人を苦しめているとするならば、なんとかしてあせりをなくし、追われる勉強を追う勉強へ切りかえる工夫が大事ではないかと考えるのである。

これについて私は最近ある知人から興味ある体験談を聞いたことがある。それは、この知人が高校生の娘さんに、なんとかして数学に興味を持たせたいと思って、解答つきの問題集を与え、このなかでもし模範解答の間違いを発見すれば、幾らかの賞金を与えることにしたというのである。すると娘さんは間違いを発見することが面白くて一生懸命やり始め、それも初めはわざとやさしい問題集を与えたのであるが、そのうち自分からだんだんと難しいものを求めて、楽しみにしてやるようになったということである。これは追われる勉強を追う勉強に切りかえる一つの工夫として、興味ある話であるばかりでなく、追う勉強がどんなに意気込ませるものかを教えてくれる話として、いまだに忘れられないのである。

ところで追われる勉強を追う勉強へ切りかえるといっても、実際どうすればよいか、その方法については先の譬え話のように、各自それぞれの工夫が大切だと思うのであるが、私は一つの方法として次のようなことを勧めたい。

その第一は、将来を見通して計画を立てるということである。しなければならぬことが輻輳した時には、あわてて手をつける前に、まず計画を立てることが一番能率よくことを運ぶ道である。それは計画を立てることによって見通しが立ち、あせることなく安心してことにあたれるからである。勉強も同様で、ずっと先までの見通しをもって計画を立てることは、あせりをなくする最もよい方法である。いらぬ心配をすることなく、計画に従って、ただその日その日に割り当てられたことを一生懸命しておればよい。これほど安心なことはない。だから勉強の成果を挙げるか否かは、こうしたうまい計画を立てることができるか否かにかかっているとも言えるのである。

次に大切なことはその計画を余裕あるものにするということである。よく私達は意気込んで欲張った計画を立てやすいのであるが、それは結局追われる結果になるもとである。

例えば一つの参考書を仕上げるのに一日十ページの進行しかできない者が、欲張って十五ページも二十ページも進むような計画をすれば、よほど無理をしない限り予定どおりできるものではない。昨日も予定どおり進まなかった、今日も駄目だったというような日を重ねるうちに、いつか追われている気になるのである。

逆に一日十ページが自分の力とすれば、七ページか八ページに止める計画にすれば、たいていは予定より多く進むことができるであろう。昨日も今日も予定より多く進んだというこ とになれば、明日はもう一つ多く進んでやろうというような気になるのが人間の心理である。つまり追っかける気持である。これらは極めて単純な比喩ではあるが、追われる勉強を追う勉強にするためには、その計画を余裕のあるものにすることが大切なのである。もちろんそのためにはそれだけ長い時日の必要なことはいうまでもない。せっぱつまってからでは余裕のある計画の立てようもない。したがって一日も早く遠い見通しに立って計画を立てることが大切なのである。

このようにして計画を立てて努めたとしても、実際はなかなかそのとおりに進まないのが常である。そんな時大切なことは、躊躇することなく、再度計画を立て直すことである。一つのことを仕上げるまでには、それが難事業であればあるほど、こうした計画の立て直しは何回となくありうることなのである。ただし単なるプランメーカーであってはならないのはもちろんのことである。

以上、自分の体験等を思い起こしながら思いつくままを申し述べたが、皆さんはそれぞれに工夫して、追われる勉強を追う勉強へ切りかえるようにしてほしいと願うのである。

四　広い知識と正しい知識

われわれが物事を判断したり、行動を起こそうとする時、その物事についてなるべく広い知識を持つことが必要であることはいうまでもない。例えば一つの花についても、これを見る立場にはさまざまあって、植物学者は珍しい品種であるために、極めて大切な花だと思っていても、商売人は売れそうにないのを見てつまらぬ花だと見向きもしないかも知れない。このように、同じ一つの花でも見る立場によって全く異なる見方ができるのである。ところがわれわれはともすれば、自分の立場から見た花の姿を、その花のすべてと思いこみやすいもので、こうした過ちは心しなければならない。これは一つの譬え話であるが、何事についても言えることであって、ことにいろいろの主義や主張が対立している今日、私達は自分の狭い知見で独断に陥らぬよう、常に広い知識に基づく判断を心掛けたいものである。

このように物事の判断にあたって広い知識を持つことが必要だが、同時に忘れてならぬことは、正しく知るということである。いかに広い知識でも誤った知識が危険であることはいうまでもない。ことにマスコミの発達につれ、あらゆる情報が氾濫している今日、これらが果たして正しいものであるか否かを確かめることが、いかに重要であるかはいうまでもない。

これまで述べたように物事の正しい判断のためには、まずそのものについての広く正しい知識が必要であるが、完全を期することは、言うべくして実際はなかなか困難なことである。困難というよりはむしろ不可能と言うべきかも知れない。ソクラテスが、「彼は賢人にして青年をまどわす者だ」として訴えられた時、「私は私が知らないということを知っている点で、他の賢人と称せられる人よりも勝れているかも知れない」(『ソクラテスの弁明』岩波文庫）と言ったという話は有名である。

また孔子が、その生一本さで愛していた弟子の一人であった子路を「お前に知るということを教えてやろうか。それは知っていることを知っているとし、知らないことを知らないとする。これが本当に知るということだ」(『論語』為政第二）といって戒めている。このように東西の哲人が同じようなことを言っているのは、考えさせられることである。かりにすべてを完全に知ることは不可能であっても、そのために一層知る努力をしなければならないことを教えられるのである。世界は無限なものであり、われわれの能力に限界があることを知ればなおさら、謙虚に、絶えず、より正しく、より広く知ることに努めるべきではなかろうか。

五　『古代への情熱』を読んで

『古代への情熱』（副題「シュリーマン自伝」岩波文庫）を読んだのは六、七年も前のことであるが、あるきっかけでまた取り出し、昔の感激に再び浸ったのであった。

この本の主人公、ハインリッヒ・シュリーマンは、ギリシアの物語に出るトロヤの遺跡発掘を生涯の夢として、ついに何人も想像しなかった二大文明、トロヤ文明とミケネ文明を発見し、考古学に大きな業績を残した人である。

彼がホメロスの歌い残した、トロヤの遺跡を発掘しようと決心したのは八歳にも満たない時で、しかもそれは彼自身が当時を顧みて、「私達（彼と彼の理解者であり、暖かい好意で結ばれていた少女）にはその全生涯を過去の遺跡の探究につぃやすほど美しいものは他に考えられなかった」と言っているほど強いものであった。しかし古い物語を聞いて美しい夢を描くことは幼い時には誰でも経験することで、必ずしもシュリーマンに限ったことではない。ただ彼の偉大さは、この幼年時代の夢を生涯かけて不屈の意志と着実な計画をもって実現したところにある。

彼の家は貧しくて、上の学校にも行けなかったので、十四歳で学校を出るとすぐ田舎の小さな小売店の小僧となったが、それからも貧困や病気、災難と悲運のうちに流浪の生活の連続であった。しかしその間にあっても、トロヤ遺跡発掘の夢は片時も忘れないで、その目的達成のために、涙ぐましい努力をしたのである。そして彼が不幸な前半生を乗り越えて、ようやくこの夢の実現に専念できるようになったのは、実に三十幾年の後、彼が四十歳を越えてからのことである。

彼が自分の夢を実現するためにまず第一に考えたことは、資財を作ることで、そのために彼は商人として三十何年も専心したのである。彼自身「私は商人生活のあらゆる煩雑のうちにあってもなおトロヤと、それを将来いつかは発掘しようと、一八三〇年（八歳）に父やミナと申し合わせたことは常に念頭を離れなかった。もちろんその時は私の心は金銭にかかわっていたけれども、それは私が金銭をばこの生涯の大目的を実施するための単なる手段と見なしたからにすぎない」と言っている。

しかし彼はその間この日に備えて学問への異常な努力を続けている。ことに独学で十五ケ国語（英語をはじめ、フランス、オランダ、スペイン、イタリア、ポルトガル、ロシア、スウェーデン、ポーランド、ギリシア、ラテン、アラビア語等）をマスターしたことについては、「これらの言葉のいずれをも流暢に話し、また書くことができるためには、私は六週間以上を必要としなかった」という優れた能力と独特な勉強法と共に、「どのような使い走りにも、雨が降ってももちろん、一冊の本を手に持って、それから何かを暗記した。何も読まずに郵便局で待っていたことはなかった」と彼自身が言っているように、その努力はまことに驚嘆に値するものがある。

こうして彼は周囲の人が嘲笑って取り合わなかった幼年時代の夢のために生涯をかけ、そしてそれを立派に達成し、しかも予想以上の成果をもって成し遂げ、世界の考古学会に不朽の功績をあげたのである。これにはもちろん彼の恵まれた才能や幸運もあったであろう。しかしかりにその夢が不成功に終わったとしてもなお、大きな夢とそれをあくまで着実に実現しようとする雄大不屈の生涯には胸をうたれるのである。

さらに彼のこの生涯の陰にある、ミナとの美しい恋にも心うたれるものがある。幼い彼がその生涯の夢と計画を夢中で語るのを嘲笑う人々のなかにあって、彼と同年の少女ミナはただ一人の理解者であり、熱心な賛成者であった。そして「この暖かい好意はやがて子供らしい単純さから永久の愛情と誠実が誓われた」のである。

その後、シュリーマンは悲運な生活の連続で、十四歳で奉公に出る途中、一言もミナと言葉を交わすことができず、ただ互いに涙のうちにその愛情を確かめ得たきりになって、ついにその恋も実を結ぶことなく終わったのである。シュリーマンの悲運な前半生を通じ、絶えず彼に不屈の勇気をもって夢の実現に努力せしめたものはミナの存在であった。彼はミナの愛情を信じた瞬間から「無限の力を覚えると共にたゆまざる精励によって出世し、そうして私がミナに値することを示そうと堅く心に期した」のである。そして当時彼が「神に願ったただ一つのものは、私が独立の地位を得るまで、彼女が結婚しないように」ということであった。

彼が二十四歳になってようやくその勤める商会に欠くべからざる人物として重用され、全く独立できる状態になった時、彼はただちに知人を介して彼女への結婚を申し出たのである。しかしその返事は無情にも、数日前、彼女が他の人と結婚したという知らせであった。彼の生涯の夢の実現はこの人と共にでなければ、その実行は考えられなかったというミナ、そして十何年の長い間そのためにがんばり続けたミナその人を、わずか数日の違いで失った彼の後悔と失望が、どんなに大きかったかはいうまでもない。しかし「ミナに値し」彼女を幸福にできる自信がなくては結婚を申し出ることを許さない、美しくも気高い愛情を持つ彼は、この無慈悲な運命にも堪え、再び生涯の目的に専心するほかなかったのである。

こうしてミナとの恋の不成功は、彼の輝かしい生涯にただ一つ残念なこととして私達の心に残るのであるが、それでもその美しい恋は、それなりに私達の心をうたないではいないのである。

六　読書について

読書の方法についてはいろいろ説かれているけれども、私は「自分を読む読書」と「自分を作る読書」というような分け方をしてみるのも一つの方法でないかと思う。

まず「自分を読む読書」というのは、私の考えでは書物を読むことに変わりがないが、実はその内容を通じて自分の知識や経験を読んでいるような場合の読書を言うのである。

例えば、私は近頃古人の伝記や歴史の書物に興味をひかれるが、そうした自分を振り返ってみると、いつも古人の言行を自分の経験や考え方にひき比べて、その偉大さに心をうたれたり、ときには偉人の言行のなかに自分と同じ心の動きを発見して意を強くしたりしてつきない面白さを感ずるのである。結局、古人の言行の記録を通じて自分を読んでいるようなものである。これは何も伝記や歴史書に限ったことでない。小説にしろその他何でも、われわれが興味をひかれて読んでいる場合は、たいていこうした読み方ではないかと思う。したがって読む人の年齢や性格、また過去の経験の相違によって読み物の種類が変わるばかりでなく、その味わい方というものも変わるものである。

私は先に伝記のことを例にひいたが、同じ伝記物にしても希望に満ち、理想に憧れている若い時代には、その偉大な面や華々しい成功に心ひかれるであろう。いわゆる英雄物語が若い人に人気のあるのがうなずける。しかし私達のように未来への感激を失い、現実的なものの考え方をするようになれば、むしろ何気ない日常の行動や失敗談のようなところに、かえってしみじみとした面白さを覚え、伝記物でもその人の功績を顕彰しようとしたり、英雄化されて書かれたものよりも老人の回顧談のように淡々として語られた自伝とか、何気ない日記のようなものに一層深い味わいを感ずるのである。歴史書にしても、ある立場から理路整然と説かれたものよりも、史実そのままに記録されたもののほうが読み物として楽しいようなことが多い。それというのもその文章を通じて自分の過去の経験をあてはめて読んでいるからであろう。

こうした読書は、自分の経験や知識が読む書物を決定し、同じものを読んでも極めて主観的な読み方をしているわけである。その結果は自然と読書の範囲が限られたり、自己流の独断的な読み方になりやすいであろう。それはまたそれで興味にひかれてする読書として意義があるわけである。

しかしわれわれの読書にはただ興味があるとか、面白いというだけでなく、自分を高め、自分を作ること、つまり新しい知識を得、まだ経験しない世界を知るという大切な一面もあるはずである。それが「自分を作る読書」である。こうなればできるだけ多方面に読み広げるということが大切なことであり、たとえ現在の自分には興味もなく、むしろ苦しい思いでしなければならぬ読書もあるわけである。そこで書物は努めて読まねばならぬものだという一面がある。それはある目的を達する手段としてでもよい。また場合によってはこれくらいのものは読んでいなければ恥ずかしいという見得のためでもよい。時には命令されて仕方なく読むのもよい。とにかく自分を作るためには、興味がなくても苦しい思いを忍んで、努めてする読書が大切であり、読書は決して面白いものばかりでない。それが結局自分の知識を増し、経験を広げて、やがて「自分を読む」楽しい読書のできるもとともなるわけである。しかし私が若い諸君に言いたいことは、こうした自分を作る読書は君達の年代を描いてないということである。努めてする読書、苦しんでする読書、これを諸君に勧めたいのである。(図書館誌に寄せて)

七　学校文芸誌「八稜」に寄せて

私達が自分の考えや気持を言葉にすることは、なかなか難しいものであるのは誰でも経験することであります。ましてこれを文章に表現するとなると尚更であります。自分では相当はっきりしていると思われることでも、いざこれを文章にしようとすると、あちらこちらで筆が行き詰まることがたびたびであります。これは作文技術の上手下手ということもありましょうが、実は自分の考えが充分はっきりしていない場合が多いものです。つまり自分の考えなり気持なりは、文章に表現してみて初めて確かめられるものであります。というよりはむしろ、自分の考えや気持は文章に書いてみることによって練られもし、まとめられもするものだと言えるのでないかと思います。

何かの雑誌に、現在の有名な作家達が、いつ思索するのかとの問いに対して、そのほとんどの人が、机に向かってペンをとっている時、つまり文章を書きながら考えると答えているのをみて、なるほどと感じたことがありますが、確かに文章を書くことは自分の考えや気持をまとめ練るために大切なことであります。私達はいろいろの場合にふと感じたり、また独り静かに思いめぐらしてさまざまな考えを持ったりしますが、それをそのままにせず、これを言葉にしてみること、できるならば文字にまでしてみるようにするならば、せっかく自分の内に生まれた思想や感情を、本当に確かなものとして育てることができるばかりでなく、ひいては自分を成長させることになることと思います。私達の先祖はついこの間まで、どんな人でも短歌や俳句を作りました。このことは、その芸術的価値がどうこういうこととは別にして、誰でもがまた、いつどこででも簡単に自分の思いを言葉にまとめることができる方法として、深い意義のあったことだと思います。最近ラジオやテレビの急激な発達・普及によって、かつては文化のレベルを示すといわれた活字文化の領域に変化を来たそうとする状況にもなりましたが、文を作ることが自分の思想や感情を確立し、練り上げるもの、つまり自分の内なるものを育てあげてくれるものである限り、決してラジオやテレビに席を譲るものでなく、むしろなお一層大切なものになるのではないかと思われます。

こうした意味において、私はこの「八稜」の存在は本校にとって、決して小さなものであってはならないと思います。ことに年々激しい受験勉強に追われがちな生活のなかで、こうした活動がおいおい発展し普及し、ひいて校内の多彩な紙上文化活動の原動力となることを祈って止みません。またそのためにはできる限りの協力をしなければならないと思っています。（文芸誌序文として）

八　自分にとってそれは何か

最近若い人達の間にエレキギターがずいぶん流行しているようである。これについて世間では、いろいろと批判の声が出ている。そのあるものは「若い人達のエネルギーの発散になってよいではないか」というような肯定論であり、あるものは「いたずらに大きな音を立て肉体に訴えるようなあの音は、音楽以前のものであるばかりか、派生的に起こる非行も心配である」というような否定論である。さらに「それはなるほど感心したものではないが、こうしたものが要求されるのも社会的背景があるからだ」といういわば中間論もあるようである。このように肯定、否定、中間とさまざまな批判があるが、これらはいずれも第三者としての批判に終わっているのが共通点である。もちろんギターを弾いているのは若い人達だし、これを批判しているのは多くは大人たちであるから、そうなるのも当然のことではあるが、もう一つ、ギターを弾いている当の本人自身の立場に立って考えることが忘れられているのでなかろうか。そしてそれこそ若い人達には一番大切なことでなかろうかと思うのである。そこで私はこうした立場から少し考えてみたいと思う。

少々乱暴な言い方かも知れないが、一体この世にあるもので、本来これは悪いもの、これは良いものと、初めから分けることができるものがあるかどうかといつも疑問に思う。例えば、体に良い栄養物でも、あまり食べ過ぎると悪いものとなるし、この頃廃止がやかましい競輪や競馬でも、平素一生懸命働いて、時たま家族と一緒に楽しみに行く人には、良いレクリエーションにもなるのである。生徒諸君に身近な例では、いわゆるサボの是非がよく問題になるのであるが、サボは本来悪いものでなく、使いようによっては立派に役立つのである。このように同じものでもそれを利用し使う人の心掛けによって良くも悪くもなるのである。要は各自がしっかり主体性を持ち、自分の生活のなかに正しく位置づけることが大切なのである。先のギターにしても悪いものではないし、かりにギターに熱中していても、これで将来身を立てようと思っている人にとってはそれも良いことである。

いずれにせよ、物その物には良い悪いはなく、ただこれを使う人の心掛けで良くも悪くもなるものなのであるが、私達は世間の人が第三者の立場でとやかくいう言葉についつりこまれて、いかにも物のせいのように思い込んでいることが多いのである。だから私達も相手の物のせいにする前にまず「自分にとってそれは何か」を考えてみなければならないのではなかろうか。ことにこの頃のように人の心をひくものの多い時代は、なおさら心しなければならぬことであろう。（若い人のエレキギターがやかましく騒がれた頃）

九　見えない他人

昔から日本人の公徳心について云々されてきたが、戦後はまた一層その声が高まったようである。公園や道路など公共の場の紙屑の山、街中の乗物の混乱ぶりも見兼ねるものがある。学校でも至る所に紙屑が捨てられたり、落書きや器物の破損が平気で行われたり、戦前ではあまり見られなかった光景である。しかしこれも戦後の社会的混乱や、ことに学校では新学制の急激な実施で、京都市内でも二十数校あった中等学校がわずか八校に圧縮され、しかもその間、生徒諸君はたびたび移転を強いられ、落ちつかない日々の経過から考えたら、それもやむを得ないものがあったと思われる。けれどもともかく今は、新しく民主主義をかかげて再出発したのである。少しでも早くその定着を願うことの切なる時、皆さんに願うことの一つは、せめて他人に迷惑をかけないようにという心掛けである。

民主主義についてはいろいろ解説されているけれども、われわれの日常生活では、まず他人に迷惑をかけないということがその第一歩ではないかと思う。私達はともすれば他人に迷惑をかけるような行為を無関心でしていることが多いものである。自分の都合や権利だけを主張して、他人のことを考えないのは民主主義ではなくて利己主義である。自分の物は大切にする、しかし公共の物はどうでもよいという学校の机や壁を壊す調子で自分の家の物を壊す人を見たら、人は何と言うだろう。自分の親類や縁者、知人にはとても親切で丁寧な日本人が、乗物や公園での様子は先にも言ったとおりで、それがどんなに他人の迷惑になっているかはいうまでもない。日本人は社交性があって社会性がないといわれる所以だと思う。知っている人のほかに知らない他人、自分の目の前の人のほかに目に見えない他人がいるということをいつも心にとめて行動するようになった時、初めて本当の社会人になったと言えるのではなかろうか。

とにかく人の迷惑にならぬように、そしてそれは自分の知っている人だけでなく、見えない他人にも迷惑にならないように心掛けることが大切である。それをさえも悟らなくて、人類の幸福、世界の平和など望んで得られることではない。

十　相手は誰か

孟子という人が書いた書物を船に積んで日本に来ると、必ず難破するという伝説が昔から伝えられていたというが、この第二次世界大戦中も教科書から孟子の著作のある部分（梁恵王第一・十五章、万章第五・百四十章）は削除されて、学校で教えることを禁じられていた。それらの部分というのは、いずれも君たる者がもし君たるの徳を失うならば、すでに君たるに値しないことを説いたもので、いわゆる禅譲放伐《ぜんじょうほうばつ》の思想といわれるものである。第二次世界大戦中、天皇の名による聖戦だといって国民を動員していた当事者が、こうした思想を危険として排除したのはあるいは当然であったかも知れない。

しかしこれは、孟子本来の考えからすれば、全く不当な取り扱いといわなければならない。いうまでもないことであるが、儒教は元来為政者たるべき人に対する教えを中心とするものであり、ことに孟子の文章はもっぱら民の上に立つ諸侯や為政者に対しての心得を説いたものである。危険として排除されたこれらの部分も、斉の宣王に対して説かれたものなのである。したがって、もしこれが民に向かって説かれたものであれば、君にとっては極めて危険な思想となるであろうが、封建社会において、民の上に立つ為政者自身の心得としては、危険どころか当然のことでなければならないのである。

このように当然のことを説いたこの書物が、ともすれば危険なものと考えられたのは、これが誰を対象として説かれたものかを忘れたところから起こったことである。もちろん当時は封建社会のもとでのことであって、民主主義社会となった今日、この考えをそのままあてはめることはできないが、何事によらず一つの主張なり意見なりが、誰を対象として説かれたものなのかということを充分わきまえることは、それを正しく理解するうえに忘れてならないことである。

私が今さらこんなことを言い出したのは、実は近頃、説をなす人も、その説を聞く人も、それが誰を対象としているのかを忘れていることが多く、それがいろいろの混乱の原因になっていることが多いと思うからである。

第二章　若き日の思索のために

一　批判と非難

　批判的精神が社会の進歩に欠くことのできないものであることはいうまでもない。しかし批判は非難であってはならない。お互い、相手のためによかれと願う建設的な善意から出た批判こそ正しい批判である。それは忠告と言われるべきものであって、善意のない批判は単なる非難であり、互いの対立抗争をこそ招来しても、ことの進歩も進展も期待することはできない。わが国では戦後、言論の自由が確保され、マスコミの発達と共にあらゆる問題について批判が巷に満ちている。しかしそれがともすれば自ら手を汚すことのない傍観者の議論であったり、思想や立場の対立から来るいたずらな非難攻撃のためのものであったりすることが多いのは悲しいことである。批判的精神の旺盛なことは大切であるが、それには互いによかれと願う建設的な善意を忘れないことが何よりも大切なことではなかろうか。

さらに批判的精神に大切なことは、他人の批判と共に自分自身への反省批判を忘れてはならぬということだと思う。いわば自己批判のできる人にして、初めて本当に批判的精神を身につけた人と言えるのでなかろうか。いうまでもなく、批判は「批判する者」と「批判される者」との間において成り立つのであって、自分以外の者を批判することは容易であっても、自分に近い者ほどその批判は困難なものである。隣家の評判をすることはやさしいが、自分の家のことは案外わからないのが人の常である。自分に近いものと言えば、一番に近いものは自分自身である。人は誰でも自分の顔や姿を見ることはできないで、鏡に映すことによってそれは初めて可能となる。顔や姿にはそれでも鏡があるが、自分の心や行動を映す鏡はない。だから心の鏡は自分で作らねばならない。その一つの例として、日記を書く時のことを思い起こしてみよう。夜静かに一人ペンをとって、その日の思いや行動を記している時、自分を自分の外に眺めている自分を見出すであろう。そこに初めて自己への反省も生まれ、日記を書く大きな意義が生まれるのである。日記を書くことに限らず、自分の外に自分を置くことは、工夫や努力のいることで、簡単にできるものではない。それだけに、この困難な自己批判を怠って、とかく他人の批判だけに陥りやすいわれわれの弊は、常に戒めなければならないことだと思うのである。

二　形と心

「形と心」ということは昔からよく言われてきたことであるが、戦後はあまり耳にしない言葉になったようである。それというのは戦後民主化の波のなかで、昔からわれわれの間に伝わってきたしきたり、いわば生活の形式やしきたりは、古い封建制の残滓としてあえて捨て去った結果が、いつか形式を云々することは悪いことのように思われたからではないかと思う。しかし「心と形」「内容と形式」とは表裏一体のもので、心を説くならばそれを表す形が、形を説くならばその中に盛られる心が問題なのであって、もともと形を抜きにした心も、心を忘れた形もあり得ないものなのである。ことに私達の実際生活では、この両者は微妙につながって、形が心を育てるうえに大きな働きをしていることを忘れてはならないと思う。

卑近な例が、紋付でも着れば何か改まった気持になるし、ジーパン姿の時にはいかにもくつろいだ気分になるもので、着る物によってさえ心の持ち方は左右されるのである。まして日常生活のもろもろの風俗や習慣は自然とわれわれの心に影を落として、その社会の人としての心構えを作り上げていくのであって、民族の精神的伝統も実はこうした日常生活を通じて養われ、受け継がれてきたものだと思う。昔から人間形成に家庭教育の重要さが説かれるのもこのためである。家庭では何もいちいち理屈を説くわけでもなく、ただ親達の日常の行動を見、些細な動作をしつけられており、いつかこれらの底を流れる心が身についてその人柄が出来上がっていくのである。

今日、学校教育の普及発達は著しいが、この意味で人間形成にとって家庭教育の重要さは少しも減少するものではない。戦後わが国ではすべてに民主主義が叫ばれ、民主主義、民主主義という言葉を聞かぬ日はないが、その本家である欧米でこんなに民主主義という言葉が口で説かれているのか、と私は疑問に思う。恐らく子供の頃から理屈抜きに、一つ一つの行動を通じて親から子へ無言のうちにその精神が受け継がれているのではなかろうか。ヨーロッパでは幼児のしつけが厳しいと聞くのもそれであろう。また最も心を重んずる宗教界において、いずれの宗教もそれぞれに厳しい戒律が求められているということは、心と形との深いかかわりを示唆するものではなかろうか。戦後の日本では民主化の掛け声の下に、古い全ての形式を打ち壊したものの、民主主義の理論をふりかざすばかりで、新しい精神の日常生活への具現化はまだまだの状態である。そればかりでなく、形式を云々することは何か悪いことのように考える風潮さえある。

かつてわが国にはその善悪は別として、目に一丁字《いっていじ》のない庶民の間にも外国人を驚かすほど高い生活の規律があった。そしてそれが次代の人間を育て上げ、民族としての伝統も引き継いできたのであった。しかしこれを打ち捨て新しい出発をした以上、一日も早くその心にふさわしい生活の形を作り上げねばならない。そして民主主義の定着を願う今日、形と心の正しいあり方を今一度思い出すことが切望されるのである。

三　理想と現実

理想はいつも現実と対比して説かれる。理想は現実のなかに生き、現実は理想の具現であるところにその存在意義があるとされるからである。その関係はこれを登山に譬えると、目指す頂上を極めることが理想とすれば、この目標に向かっての一歩一歩の歩みが現実といえる。この場合、どんなに熱心に頂上を極めることを願っても、ただじっとしていては、それはただの夢であり、空想に終わる。その願いは現実に一歩でもこれに近づく歩みのなかにこそ生きてくる。また逆にどんなに努力して歩んでも、何の目当てもない歩みは、夢遊病者の歩みのようなもので、全く無意義なものとなり、目標があってこそその歩みに意義が生まれるのである。このように理想は現実を離れたところにありながら、現実と離れてはただの夢であり、現実はまた理想実現への道として、初めて意義があるのである。

しかし山に登るからといって頂上への道は決して真っ直ぐな上り道ばかりでなく、時には谷底へ下りなければならぬこともある。これと同様に、理想への道も決して平易な一本道ではない。むしろ理想と現実との矛盾のなかに悩むのが人間の姿である。矛盾するものなるが故に理想実現の努力が生まれるともいえる。飽食した人には食を求める気もなく、暖衣の人には衣を得る努力の生まれようもない。常により高い理想を追い、これを現実のなかに実現しようと努めているのが人間の姿であり、それが人生というものではなかろうか。

ところで、最近は理想と現実という言葉をあまり耳にすることも少なく、たまたまこれにふれることがあっても、理想を説く人はとかく現実を無視し、現実を追う人はとかく理想を忘れているのが実情ではなかろうか。最近「現代の社会は青年から夢を奪った」ともよく言われている。確かにそれは事実でもあるが、一部の人のように、青年から夢を奪ったのが社会の悲惨さからだとするのは、むしろ逆に恵まれ過ぎた境遇の結果だと言わねばならぬのではなかろうか。

いうまでもないが、戦後自由や人権の尊重によって、われわれは一時に解放され、一方、急速な経済的発展はわれわれの現実的欲望をいやがうえにも刺激してきた。こうしたなかで若い人達が知らず知らず現実的欲望をふくらませられたのも当然の結果である。かつて自転車を買ってもらうことさえ贅沢な望みであったものが、いつかそれが単車にかわり、今日では自動車が若い人達の玩具である。しかもそれはただの夢ではない。こうして周囲の人の寛容と経済的豊かさとは、若い人達にとって恵まれた境遇ではあるが、それがかえって夢や理想を奪う結果になっていることも事実である。夢や理想は満たされぬ現実のなかにこそ生まれるものだからである。かつて少年の非行は恵まれぬ境遇のなかに見られたものだが、今日ではかえって恵まれた家庭に多く、逆に不幸な境遇に育つ少年の健全化が目立つといわれることは、まことに示唆多いことだと思う。

物質的豊富さは若い人達から夢を奪っただけでなく、現実を軽視するような傾向ともなっているのではなかろうか。どんな望みもたいした努力もなしに叶えられる今日、とかく現実を甘く見て、その厳しさを知らず、それが時に現実無視の無謀な行動ともなり、あるいはたまたま障害に行き合っては、たちまち思いも及ばぬ弱さともなって現れる。これらの例はここにいちいちあげるまでもなく、日々目にすることである。今日問題の学生運動にも、多分にこうした現実軽視の甘さが見られるのではなかろうか。

このように、とかく物質的欲望ばかりが広がり、しかもそれがたやすく充たされるような社会は、いわば無重力の世界にも譬えられるのであって、こうした世界が青年にとってその夢や希望を奪うばかりでなく、何の抵抗もなく、それだけにかえって何の手ごたえもない不安な社会であることは当然である。今日人々の顰蹙《ひんしゅく》を買っているような一部若い人達の行動も、その不安と焦燥の姿と思えばあながちとがめることもできないように思われる。

しかしいずれにしろ青年が自ら「夢を奪われた」等といってすますべきことではない。夢や希望は元来与えられるものではなくて、自ら求めるべきものだからである。ことに青年時代に理想を求めるのはその本来的欲求である。この物質的欲望の世界にひたって、自ら人間を否定しかねない今日、若い人達こそ真に人間のあるべき理想を求め、しかも現実の厳しさをふまえて、着実に一歩一歩その実現を目指して、努力を積み重ねることが大切だと思う。

四　自由と責任

戦後の民主化と共に「自由」の確保ということが強く唱えられるようになった。もちろん自由といっても、自分の思う気ままにふるまうことでもなく本能や一時の欲望のままに行動することでもない。本能や一時的な欲望にかられての行動は動物の自由であっても、今日唱えられている人間の自由ではない。

本来人間は自分で自分をコントロールし、自主的に考え判断し、そして決断をすることができるのであって、そこにこそ人間として本当の自由があると言えるのである。そしてこうした自由を持つところに不可侵の人格も成り立つのである。人格の尊重が叫ばれる民主化の時代、「自由」が共に大切なものとして説かれるのもこのためである。

このように真の自由が、自ら自主的に判断し、決断し、行動するところにあるとすれば、この自由の反面、自己の言動には必ず責任が伴うのは当然のことである。カントという偉い哲学者は、人間性に三つの層を分かって、「単に生きるもの即ち動物としての人間」と「理性的なものとしての人間」と「責任を負い得るもの即ち人格性としての人間」とに分けたと言われるが、責任を負い得る者、それが人格に値するものということであろう。民主主義は各人を人格として認めるうえに成り立っているもので、言いかえるならば各人が責任の主体となることを前提としているのである。だから各人が自分の行動に責任を持つことがなければ、民主主義社会は成り立たないであろう。しかしともすれば他の責任は追及するが、自分の責任はおろそかになりがちなのがわれわれの常である。ことに何かと他の責任追及のみが激しい風潮の見られる今日、自由の主張と共に、自己の責任ということについても自戒しなければならないと思う。

五　個人と社会（国家と国民）

かつてインドで、ある幼女が狼にさらわれ、狼の中で育ったその幼女が、全く狼と同じ行動をする人間として発見されたという事実が報道されたことがある。この事実は、個人としての人間と社会との関係を如実に物語るものである。もとよりわれわれ一人一人は主体性を持った人間ではあるが、この個人もこの人間社会において初めて人間としての自分を形成するのである。ところで社会といっても、それはある目的をもって造られた会社とかいろいろの団体のように、単なる個人の集まりというものではなくて、皆が共通の言葉を持ち、歴史に培われた文化や習俗を共にした、いわば一つの生きた社会でなければならない。そしてそのような社会としてまず示されるのは一つの民族であり、それによって組織された国家であって、われわれの場合、具体的にはこの日本の国なのである。だから、この国を造っているのはわれわれ一人一人なのであるが、同時にわれわれは単なる個人としてあるのではなく、国家の一員、すなわち日本国民として存在し得る人間なのである。いうまでもなくわれわれは一個の人間としてそれぞれ主体性を持ち、独立した人格であるが、それは現実には日本語を話し、日本伝来の文化のなかにおいて人間として育ってきたのである。そればかりでなく、日々の生活もこの国の制度と機能に保護されて営まれているのである。

このように個人と国家との深い関係にもかかわらず、とかく国家を単なる個人のためのものとし、あるいは個人を国家のためのものとする、いわゆる個人主義と全体主義とが、形を変えながら繰り返されてきたのが現実である。最近のわが国の歩みを顧みても、戦前から戦中にかけて個人は全く国家の方便として考えられ、全体主義、国家主義が支配したのであるが、戦後は個人の人権や自由が回復されることに急で、国家は単に個人の幸福に奉仕するものに過ぎないと考えるような風潮も見られるのである。

われわれは極端な国家至上主義が、個人にとってばかりでなく、国家そのものにとってもいかに不幸な結果を招くものであるかを身をもって体験してきた。そしてそのような体験から国家への不信を持ち、その存在をも疑うようになったのも無理からぬ成り行きであった。しかしよかれ悪しかれ、われわれは日本国民として人となり、現に日本の文化と歴史のなかに生き、政治的にも経済的にもこの国を離れての生活はできないのである。国家なり民族がともすれば独善に陥ったり利己主義に走る危険から、最近は世界連邦への主張もあり、現に世界各地に国家や民族を超えた結びつきもできつつある。しかしそうした理想の実現が容易でないことは否めないし、もしかりにその理想が実現したとしても、民族固有の文化こそ、世界人類の文化発展を支えるものとして、大きな存在意義を有するものであろう。

いずれにしろ、国賊という言葉のもとに個人を抹殺してしまったような時代は、再び繰り返してはならないと同時に、愛国という語を口にすることが憚られるような姿も決して幸福ではない。何とかしてこうした不幸な状況を克服して、正しい在り方を見出すために、今一度個人と社会、国民と国家との関係について考え直すことが大切ではないかと思うのである。

六　模倣と創造

昔から模倣と創造とはいずれも対比してあげられる言葉であるが、創造という言葉が極めて好ましいことであり、大切なこととして語られるのに対し、模倣と言えばどうもあまりよくないニュアンスを持った言葉として使われているようである。ことに戦後個性の尊重がやかましく言われ、技術的革新の社会的要請もあって、一層その感を深くするのである。しかし模倣はそんなにいけないものであろうか。私は創造の重要さを考えると、逆にその前提としての模倣の意義を大切に考えねばならぬものだと思うのである。

わが国の文化発展の跡をふり返ってみても、かつて仏教文化を取り入れ、中国文化に学び、さらに明治以後はひたすら西欧文化を摂取して発展してきたのであるが、それは見方によっては模倣のうまい民族であるなどと批判され、自らもそれを卑下してきたりもしたが、実はこの模倣のうえにこそわれわれの先人は新しい文化を創造し、独特の日本文化を作り上げてきたのではなかろうか。ことに日本人が外来文化を学ぶのに、心酔ともいえるような熱心な態度であったことは、歴史上いろいろ説かれているところであって、これが模倣の民族などといわれる所以でもあろう。しかし反面こうした真剣な摂取のうえにこそ新しい文化を造り出すことができたとも言える。なまじっか独特の文化を持ち、それを固持してきた民族に、かえって新しい文化の創造が見られない現実もある。

このように模倣のうえに創造が生まれるものであることは、最も創造性や個性を尊ぶ芸能の世界で、いかに師伝を重んじ、基礎的な修練が厳しいかということによっても知られることである。いちいち例をあげるまでもなく、一分の勝手も許されない厳格な稽古のうえにこそ、本当に個性の花が咲き、立派な作品が創造されるのである。いわば模倣の徹底から、それを打ち破るところにこそ真の個性が確立し、立派な創造が生まれる。ところが最近、個性尊重の声にまどわされて、つい結果ばかり性急に求めて、その基礎ともいうべき模倣の意義を軽視するような傾向があるのではなかろうか。そして結局創造が一時の思いつきに終わったり、個性が単なるわがままで自己満足であったりするようなことがあるのではなかろうか。もとより模倣は地味なものであり、こつこつ積み上げることが必要なものである。けれども何事によらず本当に個性を確立し、新しいものの創造を生むためには、模倣の意義を今一度振り返ることも必要ではないかと思うのである。

七　比叡山の見える運動場での集まりに

私達京都に住む者は、比叡山と言えば、四明岳を頂上にして、南北に長く美しい稜線をひいたあの姿をそれと思い込んでいるのであるが、時たま東海道線で琵琶湖岸を走りながら比叡山を見ると、あれがいつも見慣れた同じ山の姿かと驚かされるのである。琵琶湖のほとりに住む人から言えばまた、逆にこれと同じ思いをすることであろう。だからもしどちらか一方からしか眺めたことのない人が、互いに比叡山の姿を論じ合うようなことがあれば、恐らく話は全くかみ合わぬばかりか、あるいは激しい論争に終わるようなことになるかも知れない。どちらも朝夕眺めている姿に間違いのないことを信じているからである。しかし自分の知っている姿を比叡山のすべてだと思い込んで、同じ山でも見る角度によってはいろいろの姿があることを忘れているところに食い違いが生ずるのである。

これはまことにわかりきった話のようであるが、よく考えてみると、私達の日常にはこうした思い違いがずいぶん多い。私達はここから見るあの姿を唯一の比叡山の姿だとつい思い込みやすいのであるが、本当に正しくあの山の姿を知るためには、琵琶湖側からはもちろん、北からも南からも、あらゆる方面から眺めることが大切である。同様に、一つの事柄でも正しく理解し判断するには、それについてできるかぎりいろいろの意見を聞き、知識を集めることが大切で、たまたま自分の持っている知見を絶対のものと判断することは、最も戒めなければならない。

しかしそうは言っても、一つのことについて、あらゆる知識や意見を集めるということは、そう簡単にできることではない。比叡山の姿でもせいぜい京都と琵琶湖のほとりからでも眺められたらよいほうで、人によってはただ自分の住む所からしか見られないで過ごすこともあろう。けれどもそうした場合でも、せめて自分は今どこから眺めているのかということを知ることはできる。京都からしか眺めたことのない者も、自分は京都から眺めているのだという自分の位置を自覚していたら、かりに琵琶湖から見た姿しか知らぬ人と語り合っても、かみ合わぬ論争に終わるようなことはなく、かえって互いに知見を広め合うことができるであろう。

今日私達の周囲には、一つの問題についても実にさまざまな意見が唱えられている。こんな時、ある一つのことについても、それを見る立場によって意見はいろいろ分かれるものであることを心得ると共に、自分は今どうした立場にいるかを自覚することがとりわけ大切ではなかろうか。比叡山の姿を見るたびに私はいつもこんなことを考えるのである。

八　二つの道

混み合う電車に乗る時、こちらが「どうぞあなたから」と入口を譲れば、たいてい相手の人から「いや、どうぞあなたから」と譲り返されるし、逆に自分が「俺が先だっ」とばかり相手を押しのけると、相手も負けずに「何をっ」とばかり押し返してくるのが人情の常である。

これは些細な乗物の譬え話だが、こうしたことはすべての人間関係に通ずることで、広く社会秩序の基本問題ではないかと思う。つまり、互いに譲り譲られていくか、それとも互いに自己を主張しあって、そこに一つの均衡を見出していくかということは、大きく言えば社会秩序の二つの在り方であると思う。

ところが近頃世間にはこの二つの秩序がちゃんぽんに使われて、そのためにお互いずいぶん不愉快な目をみたり、つまらぬ紛争の種になっているようなことが多い気がするが、どうであろう。

先の例で一人が「どうぞ」と譲っているのに、相手は挨拶もしないどころかさっさと先に通って、あたりまえのような顔をしていたらどうであろう。また「俺がっ」とばかり自分の権利だけを主張して、相手の言い分を無視するばかりでなく、譲られるのが当然だというような態度をとったとすれば、その結果がどうなるかはおよそ想像のつくことであろう。

一方が譲れば他方は必ず譲り返す気持があってこそ、なごやかな人間関係が成り立つものだし、自分が権利を主張するなら相手にも同等に権利を主張することを認めなければ、決して互いの均衡は保たれるものでない。それが近頃、自分の権利は主張するが、他人には同じ権利を認めないばかりか、譲られるのが当然のようにふるまったり、こちらが譲っているのに相手はそれが当然のことのようにして、譲り返すことを知らなかったりして、腹立たしい思いをさせられることが多いのである。

私達は昔からもっぱら「人には譲れ」「譲られたら譲り返せ」と教えられてきたが、戦後は互いに自分の権利を主張することに切り替えられたようである。それならそれですっきりとして、虫のいいちゃんぽんの生き方だけはいいかげんにやめなければならない。

九　考えない輩

人間の苦しみは人間が「考える」ということを知って始まったと言えるようである。もしわれわれが植物や動物のように、考えることがなかったらどんなに楽なことであろう。昨日のことを悔い、明日のことを思い煩うことなく、ただその瞬間の欲求のままに生きられたら、さぞ世の中は太平であるに違いない。

けれども考えてみれば、そのような生活をわれわれは望んで得られるであろうか、というよりもむしろ人間としてこのような生活で満足できるであろうか。考えまいとしても考えずにいられないのが私達であり、考えることを禁止されては一日も辛抱できないのが人間である。

人間は「考える」が故に最も悲惨であり、同時にまた「考える」が故に最も偉大であるとも言われる。人間の苦悩は「考える」から生まれるものであると共に「考える」からこそ人間の尊さがあるのだと思う。近頃やかましくいわれる自由だの自主だの、人格の尊厳だのというのも、人間が自分で考えるものであることを前提としてのことでなければならない。自分で考えることをしない人には、犬や猫の自由はあっても人間の自由はない。まして自主性だの人格の尊厳だのは生まれようもないのではなかろうか。

しかしどうも近頃腑に落ちないのは、自由だ自主性だとやかましく言われるわりに、自分で考えることが少なくなってきたのではなかろうかと思われることである。この間、京大の卒業式で滝川学長が「考える人になれ」と諭されたそうであるが、私達もなるほどとうなずけるのである。最も考えねばならないはずの学生のなかに、誰が見てもどうかと思われるような風潮がないでもないし、考えていそうな人でも、時流に乗ってみんな同じようなことを口うつしに言っていたりすることが多い。戦時中のわれわれの在り方はずいぶん痛切に反省させられてきたけれども、これでは戦時中とあまり変わっていないし、戦前に比べたらもっともっと恐ろしい状態ではないかとさえ思われる時がある。パスカルは人間を「考える葦」と言ったというが、どうやら「考えない葦」になってしまいそうだ。風のまにまに人まねをして西に東になびいていては、全くみじめな葦でしかないようになってしまうであろう。（昭和三十年）

十　第三の立場

　ここにある品物を売ろうとする人と、それを買おうとする人があったとしよう。売り手は二万円でないと売らないと言う。買い手はいや一万円でないと買えないと言う。もし両者がいつまでも自分の主張をまげないなら売買は成立しない。どうしても売買を成立させようという時には、それでは中間をとって一万五千円で手を打とうというようなことが行われる。これは譬え話だが、この話で売り手の主張を第一の立場とすれば、買い手の主張は第二の立場であり、中間をとって一万五千円というのは第三の立場といえるであろう。

　人間社会はお互いに、それぞれ自分の意見や立場をもった人々の寄り合いで成り立っている。したがってそこには絶えず意見や立場の対立が起こるのは当然である。しかしその対立が対立のままで終わっては収まらない。必ずこの両者の立場のほかに、第三の立場を見出す努力が必要である。われわれはともすれば、第一の立場か第二の立場か、そのいずれかに限ってものを考えようとするけれども、実際生活にはいつも第三の立場があることを忘れないことが大切だと思う。古来「良識」といったり「中庸の道」といったりしているのも、これを教えたものであろう。ある書物にこんな笑い話が書いてあった。

二人のイギリス人が会うと、一人は「二二が三だ」といい、他は「二二が五」という。この二人はあのはっきりしないながらに要領をえた英語で、もぐもぐと相談をする。とうとうしまいに、「どうもわれわれは頭が悪くてよく分からない。君が三といい、自分が五というなら、それでは中間をとって二二が四ということにしよう」と話が落ちついて、二人は握手をして分かれる。ところが二人のフランス人が会う。一人は「二二が四だ」という。すると他が「何を！　おれの計算では二二が四だ」という。これからはげしい討論になり、双方ともに雄弁をふるって、明晰な分析をし微妙な論理をつくして争う。とうとうしまいに、「だから、二二が三だ」、「いや、だから二二が五だ」といって喧嘩分かれをする。（『続ヨーロッパの旅』竹山道雄著・新潮社）

これはフランス人の理屈好きと共に、イギリス人の実際的な良識を示したものであろう。もちろんこの良識といい、第三の立場というものは、下手をするといわゆる「足して二で割る」式の安易な妥協になる危険がある。始めにあげた私の譬え話や、このイギリス人の譬え話はこの意味では誤解を招く恐れがあるが、例えば文化の発展について考えてみよう。よく一国の文化は異質の文化を取り入れて発展するものだと言われ、今日もまた東西文化の融合発展は人類の大きな課題でもあるが、この場合その民族固有の文化が他民族の異質の文化と対立され、その両者が総合統一されて初めて一段高次の文化が生み出されるのである。もちろん両文化の総合統一といい、融合というのは単なる混合であったり、両者の中間というようなものでなく、まして足して二で割ったようなものではない。それぞれ独自の文化を踏まえながら、しかもそれらのいずれでもない一段高い立場から総合統一された、新しい文化の創造でなければならないはずである。

これは民族文化の発展の場合であるが、民族に限らず、個人も社会もこうして絶えず対立する二つの立場から、第三の立場を求めて発展向上するものなのであると思う。近頃話し合いということがよく言われるが、これなども互いの立場を認め合ったうえで、より優れた第三の立場を求めようとする努力にほかならないのではなかろうか。しかもこうして一度見出した第三の立場は、これが終わりでなく、これがさらに新しい立場や考えに出会い、より高い第三の立場や考えを求める、そうした永遠の歩み、それが人生であり、人類の歴史なのではなかろうか。

十一　人生の陰と陽

人生は陰と陽とで成り立っているものだと私はよく考える。例えば楽が陽ならば苦は陰である。誰でも楽を求めるのだけれども、苦があってこそ楽があるのであって、全く苦のない世界に楽はないのである。幸と不幸、希望と絶望、善と悪、生と死、いずれもそうである。だから人生というものは陽だけでは決して成り立たないものである。陰はちょうど写真の陰影と同じで、人生に奥行きを作ってくれるものだとも言えるのである。ともすれば空虚で平板となりやすい人生に、充実と深みを与えてくれるものがこの陰である。生は死との対決において一層その意義を深め、男女の愛も悲恋においてその美しさが一層称えられるのである。小説や劇もすべて人生の陰と陽とによって織りなされている。

こうした陰と陽との関係を私は鏡に向かうものと、そこに映る映像とに譬えて考えてみることがよくある。こちらが鏡から遠ざかれば遠ざかるほど、それに応じて影も反対側に同じだけ遠ざかる。ちょうど苦が大きければ大きいほど楽もまた大きいのと同じである。宗教における罪の意識もちょうどこれであろう。キリスト教でも仏教でも多くの宗教が、いずれも人間の罪や弱さを説いているが、人間が自分の罪や弱さを覚えることは、それだけ完全であり万能な者の存在を知ることであって、それがやがて神の存在となり、仏の姿としてうつるのではないかとも思われる。昔から偉大な宗教家がいかに人間の弱さや罪に苦しんだかを思えば、一層その感を深くするのである。「善人なをもて往生をとぐ、いはんや悪人をや」（『歎異抄』）という親鸞の有名な言葉も私はこんな意味で解釈してみるのである。

ともあれ、不幸、絶望、死、罪、いずれをあげても人生の陰は決して好んで求めるべきものでない。しかしそれは人間として避けることができないばかりか、そもそも陰のない人生が果たして生きるに値するものであろうかとも考えられる。

最近、幸福といい、楽しい生活といい、人生の陽を求める声が高い。しかし陰を避けてただ陽ばかりを求めることが本当に幸福で楽しい生活を得る道であろうか。ただ現実的にその日その日の幸福や満足を懸命に追い求めながら、何か空しさの感じられる現在の世相は、いま一度考え直さねばならないのではなかろうか。ことに若い人達の間に見られる不安や焦燥は、陽のみを追求する現在の風潮と決して無関係ではないと思われる。

昔から青年は悩みの年代であり、宗教や哲学への関心の高い年代だといわれるが、それは青年時代が人生の陰の世界に目覚めて、人間の心に深みを作り、真に人生の充実を求める年代だからでなかろうか。こうした意味から、今日は若い人達にとって一層考えてみなければならない時代だと思う。

十二　孤独と孤立

かつて私は何かで「人生は孤独である」といった意味の言葉を見て、いろいろ考えさせられ、折にふれてその感想を話したこともあったが、最近、吉川幸次郎氏の著書(『短長亭集』「人間と物質」・筑摩書房)に楊子・墨子の言葉をひいて次のように説かれているのを見て、非常に興味深く思ったのである。

紀元前の中国の哲学者であった楊子は、わかれ道を前にして泣き、おなじく墨子は、白い糸を見て悲しんだということわざがある。わかれ道は南にも北にも行け、白い糸は黄いろくも黒くも染まる。南か北か、黄か黒かを選択し、選択の結果に対して責任をもたねばならぬ、人間とはそうした存在であるとして、二人の哲学者は号泣したという意味であろう。話は淮南子の説林訓に見える。

号泣は古代の哲学者にまかせておこう。かく選択の自由をもち得ることこそ、人間が受動的な物質と異なる点であるとすれば、人間を研究する学問である人文科学は、この点をこそ重視すべきでないか。

引用は長くなったが、楊子や墨子に限らず、たしかにわれわれはいつも岐路に立って、右すべきか左すべきか決断に迫られている存在と言えるように思う。小さくは朝起きて、さて今日は何をしようかと考える。これも一つの岐路ならば、学校の入学、職場の選択、さては結婚と、人生には幾つかの大きな岐路もある。そうした場合、同僚の意見を聞き、親や先輩の教えを受けることも大切なことである。しかし、最後の決断は自分でする以外にないし、したがってその結果はどうであろうと、その責任は自分で背負う以外にない。よく人間は孤独だと言われるが、この意味では全くそのとおりであって、人生はまことに厳しいものだと言わねばならぬ。けれども、それがまた人間の特権として自由を持つわれわれの当然の姿なのである。

しかしこうした人間本来の姿である孤独の厳しさに生きるということは、ただ自分のうちに閉じこもって、寂しく孤立した人間になることでは決してない。孤独は決して孤立ではない。それどころか本当に他人の温かい心に感じるのも、真に他人を愛する心を持ち得るのも、実はこの孤独の厳しさに徹して初めてできることではなかろうかと私は思う。

先日「働く年少者保護運動」の募集作品で、ある少女は「私が働くようになって一番寂しいと感じたのは、親しい話し相手がないということです。でも親しい話し相手よりももっとすばらしいものを見つけました。それは孤独です。孤独は私の一番仲のよい友達です。孤独のなかで私はいつも努力する人間になっています。そしてどんなにつらくとも、一生懸命自分を見つめ、感激したり、ある時には自分をしかっています。そして他人にやさしく親切に話しかけるのです」(「京都新聞」凡語欄)と語っている。これはこの少女が身をもって体験したことから出た言葉であって、たしかに自分で自分の道を切り開く孤独の体験こそ、自分と同じ道を歩む他人をも、心から理解し愛することを知らせてくれるし、他人の温かい心にも敏感に感じることができるのではなかろうか。(昭和四十年)

十三　人間への信頼

私はいつも歴史を氷河の流れに譬えて考える。あの氷河の下には上下左右さまざまの力が精一杯働きかけていることであろうが、大きな氷河はこれらを全く無視するように、一つの方向へじりじりと流れて行くのである。それはいかにも一つ一つの力の存在が無意味なように思われるけれども、もしかりに下からの力が全くなかったら氷河の流れはどうなるだろう。下からの力だけではない。そのほか、右や左からの力でも同様である。極端にいえば、小さな一粒の石が加える力さえも、氷河の流れに幾らかの影響を与えているのである。こう考えると氷河の流れの速さなり方向を決定するものは、これに加わるさまざまな力の総合なのである。歴史の流れもちょうどこれと同様だと私は考える。大きな歴史の流れのなかで、個人の存在はまことにささやかなものに思われるが、その流れを支え、その方向を決定するものは、結局このささやかな個人なのである。

このように歴史の流れを決定するものは、個人の働きの結集であるにしても、それではただこれだけが歴史の方向を自由に決定できるものであろうか。私には決してそうでないように思われる。それはちょうど氷河において、さまざまの力の集まりが、その流れの方向や速度を左右することは事実としても、大きく見れば氷河は常に上から下へ重力の方向に従って動いているのと同じである。いかにさまざまな力が結集しても、結局重力の方向に逆らうことはできない。それでは歴史の流れにおける重力は一体何であろうか。私はこれについていつもこの頃やかましい世論というものの姿を思いうかべるのである。

わが国では戦後の民主化に伴い、世論は社会を動かす大きな力とされてきた。ことに表現の自由と情報手段の著しい発達は、何事についてもたちまちにしてさまざまな世論が形成され、華やかな議論や運動が行われる。その結果、社会の変化流動の激しさは、かつての歴史の何百年にも匹敵する変化を目の前に見せてくれる。しかし長い目で眺める時、これら華々しい世論と、これに伴う社会の激しい流動にもかかわらず、最後に社会の流れを決定する本当の力となる世論は、実は表面的なこうした動きの底で、徐々に人々の心の内に作られているのが実際の姿ではなかろうか。それはまことに静かな声なき声である。けれども結局社会の流れを動かすものは、一時の華やかな議論でも、激しい運動でもなくて、人々の心の底深く生まれたこの静かな声なき声であるように思われる。

こうした世論の動きを見ると、私は歴史を大きく動かすものもまたこれと同じではないかと思う。それは、人々の心の中にありながら人間の個々の意図を越え、一時の作為をも越えたものである。かつて歴史の流れを、神の摂理といい、理性の顕現と説いた哲学者があると言われるが、これに倣えばそれを神と言い、理性と言うこともできるであろう。しかしこれは人々の心の外に存在するものでもなく、一部の選ばれた人のものでもなくて、むしろ多くの名もなき庶民の心に宿るものとして、私はそれを人間の善意とでも呼びたい。よく歴史は英雄によって作られると言われ、事実過去の史実はそれをうなずかせるものがあるけれども、真に歴史の流れを変えた英雄も、結局この庶民の善意を代表するものであったと言えるのではなかろうか。こうした意味で古く中国で、天の声は民の声として示されると説かれてきたことはまことに意義深いものに思われる。

ともあれ私は、人間の善意を信じ、歴史を支えるものもこの人間の善意でないかと思う。もとより歴史の流れを細かく見れば、その歩みはジグザグの道をたどっている。しかし大きく見ればそれは必ずある方向へ向かって進むものであり、そしてそれは、人間の善意とも呼ばれるものに支えられた進歩の方向であることを信じたいのである。

十四　衣食足りて

「衣食足りて礼節を知る」という言葉がある。着る物や食物が充分足りて初めて人の道は守られるようになる、といった意味である。確かに生活が苦しい時には道義は守られないものであることは、着る物はもちろん、その日の食物にさえ苦しんだ終戦直後の時代を経験した者には、身にひしひしと感じられることである。

しかし、その後日本の経済も世界の驚異と言われるまでに発展し、われわれの生活もずいぶん豊かになってきた。最近物価高で生活が苦しいという声も高いが、それでも、戦前を知る者には考えてもみなかった生活水準の向上である。だから、人が、「衣食足りて礼節を知る」ものならば、生活が豊かになった今日こそ、今までになく道義が行われる社会でなければならぬはずである。

ところが、私たちが毎日耳にすることは、むしろ反対に心を痛めるような事実ばかりが多いのは、一体どうしたことであろう。正に衣食は足りたが、人々は礼節を忘れているといわねばならぬ。あるいはそれは「衣食は足りたが」ではなくて「衣食が足りたが故に」礼節を忘れたとさえ言えるのではないかと思われる。

もちろんこう言ったからとて「衣食が足りる」ことを悪いことだと言うのではない。むしろ、経済が発展し、われわれの生活が向上することは、このうえともに望ましいことであり、努力されなければならない。しかしそうかといってすぐに物質的な生活向上だけが、われわれの生活の目標と考える人は恐らくあるまい。

言うまでもなくわれわれの生活には、物質的な面のほかに、精神的な生活がある。そしてむしろわれわれに大切なのは精神的生活であって物質的な生活はその手段だとも言える。「衣食足りて礼節を知る」という言葉も、庶民に礼節を知らすためには衣食を足らすことが大切であることを為政者に説いたものであって、目的は礼節を知ることであり、衣食を足らすことは、その手段なのである。

どうも、われわれ日本人は終戦直後、あまりに衣食に苦しんだために、それへの執念がいつか私達の生活の最上の目的になってしまって、精神生活の一面を忘れてしまったのではないかというような気がする。しかもそれに拍車をかけたのが、戦時中の精神主義への反発と、戦後急激な人間解放の声である。しかし衣食足りたが故に道義を忘れたような今の世相を見ると、もう一度考え直してみなければならぬ気がするのである。

「可愛い子には旅をさせよ」という諺がある。昔の旅はずいぶん苦しいものであった。子供が可愛ければ苦労をさせよと教えたものである。今の時代こんな諺は通用しないかも知れないが、着る物にも食べ物にもあまり心配のいらぬ南方に、文化が発展しなかったといわれる事実、そして今日も世界に生きている偉大な精神的文化が、どんな時代や社会的条件を背景にして生まれたものであるかを考え合わせても、味わうべきことだと思う。物質的な生活が豊かになり、何でも望むことがかなえられる生活は確かに望ましいことであるが、そうした生活がともすれば、人間の精神を眠らせてしまうものであることも事実である。私達は衣食を足らすのも、礼節を知らすものだということを、今日ほど考えなければならぬ時はないように思う。(昭和三十九年)

十五　レジャーブーム

最近レジャーブームということがやかましく言われ出した。なるほど考えてみると、近頃われわれも昔に比べておいおいと余暇を持つようになったし、これからはますますそうなるであろう。早い話が、家庭の主婦でも、長い間煙にむせびながらかまどを焚き、井戸水を汲み上げてごしごし洗濯をしていたのが、家庭生活の電化・ガス化のお陰で、洗濯から ご飯炊き、暖房、掃除まで、スイッチ一つひねれば用が達せられるようになった。主婦は朝から晩まで台所に立ち通しで、バタバタしなければならぬという観念は昔の夢となろうとしている。それだけ昔に比べると、比較にならぬほど余裕の時間ができたわけである。おまけに今日はインスタントの時代、今に包丁も鋏も持たなくてよい時代が来るかもしれない。

しかしこれは主婦だけのことではない。外に出て働いている主人の職場でも、時間を長くかける以外に能率をあげる道がなかった昔に比べると、労働時間は短縮されてきたし、この頃のオートメーション化は今まで何人もかかった仕事を、機械を操作するわずか一人二人の人でこと足りるようになりつつある。こうなればそのうち労働時間もしだいに短縮され、八時間労働の常識が昔語りになる日も遠くないような気がする。現にオートメ化の進んだある会社では、週二日の休日制を実施したとか、考慮中だとかの噂を聞いている。

戦後占領軍の指導で新教育が発足し、生活指導の目標の一つとして「余暇の善用」という項目が取り上げられたが、当時は正直にいってこの項目は、私たちに何かそぐわぬ思いがしたものである。もちろん余暇の善用という言葉に何の疑問もないし、それはそれなりに大切なことであるが、それを指導の重要な目標としてわざわざ取り上げるのには、借り物の感をぬぐい去ることができなかった。しかしそれから十何年、今では日本でもこれを真剣に考えなければならない時代になってきたようである。

こうして今後もどんどん機械化が進めば、人間の労働時間はさらに短縮されて、しまいには週に三、四日とか、日に三、四時間とか働けばよいような時代が来ないとも限らない。もちろん機械化が直ちに労働時間の短縮に結びつくともいえないし、まして三、四時間の労働などは今のところ全く夢物語かもしれない。しかし今の産業社会の状況から考えて、こうした方向への動きは必ずしも想像できないことではない。

もしこんな時代が来たら私達の生活はどうなるであろう。そんな時代がくれば恐らく生活はますます豊かになるし、社会福祉の施設は完備して、われわれは病気の心配も老後の憂いもなくなるだろう。そのうえ労働は週三、四日すればこと足り、後は何をしようが自由である。もちろんそんな時代になれば、今日でさえこれほどのレジャーブームだから、これに一層輪をかけていろいろの娯楽施設が開発されて、私達は思う存分余暇を楽しむこともできるであろう。しかしそれだけで果たして満足できるであろうか。なるほどこんな生活もしばらくは快適なものかもしれない。けれども、われわれの平均寿命が八十歳に近づくだろうと言われている時代、こんな生活を毎日毎日何十年も続けて果たして平気で過ごせるであろうか。

北欧のスウェーデンやノルウェーは生活が豊かで、社会福祉制度も完備して、その方面の理想国とされているそうである。ところが最近聞いた話では、これらの国が世界で一番自殺者が多いのだそうである。われわれから見れば至れりつくせりでうらやましい話なのに、なぜ自殺しなければならないのだろうか。私はそこで、人間の生き甲斐はどこにあるのであろう、幸福とは何なのか、もっと大げさに言えば人間とは一体何なのかを考えさせられるのである。

人生とは何ぞや。人間とは何か、は何千年の昔から多くの哲人が終生かけて考え、説いてきたことである。しかしなぜそんなにこの問題を繰り返し考えねばならなかったのであろうか。これがもし、ただ物質的な満足や、その日その日の快楽で満足できるものであるなら、結論は極めて簡単であろうが、人生は決してそんなものではなさそうである。戦後、

「幸福な生活」というのは人々の合言葉である。けれどもその幸福とは何なのか。人間の生き甲斐はどこにあるかの問いは案外少ないように思うがどうであろう。レジャーブームが盛んになるにつれ、私は時々こんな思いにかられるのである。（昭和三十八年）

第三章　将来に望みを寄せて―社会に出る人達へ―

一　無用の用

諸君は卒業と共に間もなく社会人となる。諸君の学校生活はこれで終わりとなるであろうが、たとえ学校は離れても、勉強は一生のこととして考えてほしい。ことに現代は日進月歩の時代である。一日止まることはそれだけ社会に遅れることともなる。そのために常に読書に努め、あるいは人を求めて教えを受けることも大切なことであるが、実社会に出られる諸君に言いたいことは、各自職場において、あるいは日々の実生活のなかに貴重な学びの道があることである。

例えば橋を渡るとしよう。この場合本当に必要なのはわずか五センチか十センチ、足の幅さえあればよい。しかし実際に五センチや十センチの橋で果たしてうまく渡れるものであろうか。まして下には激しい急流が渦巻いているとしたらどうであろう。勉強についても同じである。橋は足の幅さえあればよいというのは頭で考えた理論である。しかし実際にはその何倍もの幅の橋がいるというのは、実際に橋を渡った人の経験から生まれた知恵である。したがってわれわれの勉強の結果が、真に生きたものとして役立つためには、理論が単なる理論に終わってはならない。だからと言って、決して理論を軽視せよということではない。むしろ理論尊重の精神こそ文化の向上を来し、社会進歩の源泉となる。

古来真理を愛する青年の情熱が尊いものにされるのもこのためである。しかし理論は常に体験を通じて初めて生きたものになるのであって、現実を無視し、体験を軽んじて、理論が理論として止まる限り、それは単なる理屈となる恐れがある。折角の理論を単なる理屈として終わらせず、これを血の通った知恵とさせるものは、経験であり、体験であることを忘れてはならない。幸いに実際社会に入る諸君は、日々の自分の体験のなかに学びの道を見出すと共に、先輩の経験に耳を傾け、さらには人類の歴史に学ぶ謙虚さを持つよう心掛けることを希望している。

二　若さを称えて

皆さんは卒業後、就職する人、進学する人、家事に従事する人と、それぞれ進む道は異なろうが、いずれにしても諸君は若い。若さこそは皆さんに恵まれた大きな力であり、二度と来ない貴重な時期である。諸君はこの若さを充分に生かし幸福な人生を築くため、悔いのない青春を過ごしていただきたい。こうした願いから、私は諸君の若さを称えて二つのことを贈りたい。

(一)夢を持とう

若い人で夢を持たない人は恐らくいないであろう。夢を持ち、理想に憧れるのは若さのシンボルである。「若さ」とは「成長の年代」ということでなければならないが、夢こそは若い人の成長の原動力だからだ。もし青年が夢を失ったら、成長がないばかりか、盛んなエネルギーは暴力となったり、無軌道な享楽の生活に堕してしまうこともある。若い諸君はわずかの失敗やつまずきを気にすることなく、ましてや一時の体裁や外聞にかかわることなく、自分の理想を求めて進んでもらいたい。

しかし、夢をただの夢に終わらせないために、今自分は何をなすべきかを忘れてはならない。現在の毎日の営みが夢の実現に連なる生活であってほしい。現実の歩みを忘れた夢は単なる空想に終わるであろう。

今日の世情は青年から夢を奪ったといわれる。確かにそれはある程度悲しむべき事実である。しかし元来夢は与えられるものでなくて、自ら求めるものである。暗い夜であれば一層光が求められるように、現実の悲惨や苦しみはかえって理想への憧れを抱かせるものでなかろうか。諸君がこれから進もうとする社会は、必ずしも望ましいことばかりではあるまい。しかしこの現実に失望することなく、むしろそれならば尚更のこと、高い理想を持って進んでほしいものである。

(二)清らかに生きよう

夢を持たない人と同様、「清らかさ」を失った若者ほど悲しい者はない。「清らかさ」は若い人にとって最も大切なものの一つである。「美しいもの」「正しいもの」「真実なもの」「気高いもの」などに敏感に感じ得る心、それが「清らかさ」である。ちょうど澄んだ鏡がものの本当の姿を映すように、諸君の清らかな心は、人間の本当に求むべきものを感受する鏡とも言える。諸君に夢を抱かせるのもこの心であるし、青年時代がその人の一生にとって大切な時期といわれ、若い人が社会の良心と期待されるのもこのためである。

そうはいってもこの清らかさを保ち続けることはなかなか難しい。その一番の敵は、目先の利害や損得を追う心である。しかもあまりに物質文化の発達した現在、ともすれば陥りがちである。けれどもせめて諸君のような若い年代だけでも、清らかな気持で生きたいものだ。このように清らかな心が、目先の利害や損得を離れて、純粋に生きることであるとすれば、いわゆる裏表のない「誠実さ」も清らかな心の一つの姿といえる。誠実とは自己に忠実なことである。他人を相手にとやかく思い煩うよりも、まず自己に忠実に、学問をする人は学問のため、仕事に従事する人は仕事に打ち込む誠実さ、若い間はこの態度を忘れないようにしてほしいと願うのである。

三　卒業の喜び

皆さんご卒業おめでとうございます。

いうまでもないことでありますが、われわれの人生にはいろいろな喜びがあります。しかしそのなかでも卒業の喜びは格別なものであり、ある意味ではこれ以上の喜びはないと思います。と申しますのは、卒業の喜びというのは、一つの仕事をなし終えたという喜びであるからです。

それは譬えて言えば、登山をする人が頂上に登りついた時と同じでないかと思います。頂上につくまでには、時には美しい眺めに心を楽しませ、小鳥の声に耳を傾けるようなことがあるにしても、急な坂道に汗を流し、深い林に迷って、むしろ苦しい単調な一歩一歩の繰り返しであります。しかしついに目指す頂について、ほっと腰を下ろした時、初めて「ああ、自分もとうとうここまでやって来たのだ」という実感と共に、いいようのない喜びが感じられるものであります。

皆さんも在学中、楽しかったことも多かったでしょうが、迷い悩む日もあったに違いありません。そうして雨の日も風の日も、目立たない地道な勉強の一日一日を積み重ねて、それが今日となったのであります。恐らく皆さんの胸の中には、楽しかった日のことはもちろん、苦しかったことも、かえって懐かしい思い出となって蘇っていることでしょう。それは一つの仕事を成し遂げた時のみ味わい得る喜びと満足とがそうさせるものだと思います。しかも、いかなる仕事であろうとも、一つの仕事を成し遂げたというこの喜びは、決して一生失うことのない喜びであります。私達の喜びのなかには、これを手に入れた時から、失いはしないかと心配しなければならぬことも多いのであります。幸福を願わぬ者はありませんが、自分の心の中に一生失うことなく、誰からも奪われることのない喜びを持つことができることほど、幸せなことはないと思います。卒業の喜びはあたかもそれであります。

こうした意味から私は皆さんの今日の日を心から祝福すると共に、この喜びを明日からの皆さんの人生にも願うのであります。その日その日に与えられた任務を、忠実に果し得た時にも、自分の立てた志を何年かかけて成し遂げた時にも、卒業の喜び以上に大きな喜びがあります。今日以後、皆さんの志す道はそれぞれ異なりはしますけれども、幸せはその進む道によるのではなく、自分の進む道において、何かを成し遂げ得たという喜びを持ち得るか否かにあるのであります。これからの皆さんの将来は決して平坦な道のみではありません。むしろ社会の荒波は皆さんを苦しめることが多いでしょう。そうした時、その苦しみを克服し、一つのことを成し遂げた時の喜び—ちょうど今日の卒業の時の気持—を思い出して、がんばって下さることを願うのであります。ある人は「いばらの中にある百合の花のように、ただ黙って真っ直ぐに上のほうに伸びるより仕方ないとすれば、これこそ神のまことの恩恵である。これは青年時代の悩みであるが、あとになって思えば最も感謝すべきものなのである」と言っています。

美しく清らかに生きんとする諸君ら青年にとってはことに悩み多き社会であります。今日の社会はともすれば目先の利害にとらわれ、気忙しく幸福を求める風潮もなしとはしませんが、「幸福は求めるものというよりは与えられるもの」であり、「現代人の不幸は幸福の過剰な追求にある」といわれるように、喜びを求めることはかえってこれを取り逃がすという人生の皮肉は、心すべきことだと思います。どうか皆さんはあせらずに仕事にしろ学問にしろ、自分の選んだ道を真っ直ぐに、誠実な日々を過ごすよう努められ、先に述べた卒業の喜びを得られますようにと祈るのであります。

四　善意と共に

今さら申すまでもなく、卒業生諸君にはすでに九ケ年の義務教育を受けられたうえに、今ここに三ケ年の高等学校の過程を終えられたのであります。明日からはいよいよ職場に、家庭に、あるいは引き続いて大学にと、それぞれ志す道に向かって新しい出発をされるのでありますが、各々進む道は異なろうとも、皆さんの今日以後はその年齢からいっても教養からいっても、自己の判断と責任において行動しなければならないことが多く、社会のなかの中堅としての諸君に寄せられる期待も決して小さいものではありません。それだけに真剣な日々でなければならないし、厳しい試練にも耐えなければならないでありましょう。

ことに私達の周囲を見渡す時、戦争によるみじめな廃墟のなかからの復興は、世界の驚異ともいわれておりますが、今日の社会情勢は困難な問題が次々と提起され、私達はその帰趨に迷うこともしばしばであります。まして多感な諸君ら青年に、どんなに不安と動揺を与えているかは想像に難くありません。こうした時代に処して、国家将来の道を見出すためにも、また個人として進むべき道を誤らないためにも、最も大切なものの一つは、各人の正しい批判力であります。

こうした批判的精神の尊重は、戦後特に強調されたところでありますが、しかしともすればそれは単なる非難や攻撃に終わり、自己を忘れてもっぱら他人の批判にのみ走る恐れなしとしないのが、私達の陥りやすい弊であり、それがひいては問題の解決進展に寄与せずして、かえって混乱を来すような結果を招くことも、少なくないのであります。

およそわれわれが物事を判断する時、忘れてはならないことは、それが建設的な意欲に根ざしていることであります。言いかえるならば、われ人共によかれと願う善意であります。こうした忠告とも呼ばるべき善意から出た批判こそ建設を生み、進歩を招来することができるのでありまして、よりよくしようと願う善意を忘れた批判は、単なる非難となり、責任の転嫁ともなって、いたずらな抗争と破壊に終わることが少なくないのであります。ことに近時、急激な社会機構の複雑化と、科学技術の進歩に伴って人間性の喪失が云々されておりますが、元来自分が幸福でありたいと願う心と共に、他人の不幸に涙せずにいられないのが人間の本性であり、自己を主張して止まぬ心と共に、他人に譲り譲られて、なごやかな人間関係に本当の心の安らぎを見出すのが人間であります。

かつて人間の師と仰がれた人々の心の底を貫いていたものは、こうした人間の善意とそれへの信頼ではなかったでしょうか。長い人類の歴史において、もちろん波乱曲折はあったにしても、その底を大きく流れてきたものは、高踏な理論でもなく、まして一時の力でもなくて、こうした素朴な人間の善意ではなかったでしょうか。そしてそれは将来にわたっても同様であることを信じたいと思います。今さまざまな問題に直面して、新しく自分の道を築き上げようとする私達のよって立つ基盤もここになければなりません。今日の進歩した科学技術や、多彩な主義主張も、この上にこそ生かされるものであると信じます。

このことは、社会の中堅たるべき人としての諸君に望むばかりでなく、諸君が個人として世に処し、人に接していくにあたっても忘れないでほしいと願うことであります。世間では正直者が損をするといわれます。善意も時に誤解を受けることがあります。しかし善意と共に歩むほど心強いものはありません。この滔々たる流れのなかに、自分のささやかな善意が果たしてどれだけの働きをするであろうかと迷うこともありましょうが、人間疎外の嘆かれる今日、ささやかであろうとも、一人一人のこの善意の回復とその拡大こそは、最も大切なことではなかろうかと信じます。一隅に掲げる灯は、やがて身の輝き、人の世の明るい光となることと信じていただきたいと思います。

正しい批判力を持つことと関連して、皆さんに望むことは、引き続き大学に進む人はもちろん、直ちに家庭に入るなり社会に出られる人も、たとえ学校は離れようとも、絶えず学ぶことを忘れないでいただきたいということであります。いうまでもなく知識はすべての判断、行動の基礎であります。あいまいな、狭い知識の上に立つ言動は、基盤のない建物にも等しく、まことに「思而不学則殆（考えても学ばなければ、確かなものとならない）」（『論語』為政第二）と教えた先哲の言葉のとおりであります。ことに進歩と変転の激しい今日の社会であります。そのなかに処して判断を誤らず、正しい行動の指標を得るためには、常にまずより広く、より正しい知識を身につけるよう、謙虚に学ぶことを忘れないよう願うのであります。（卒業式で）

五　ある運動選手の話

朝隈さんと言えば、オリンピックでハイジャンプの選手として活躍された有名な方であるが、かつてこの人から次のような体験談を聞いたことがある。ジャンプ力をつけるために、道を歩く時はいつもつま先で歩くことを実行したり、銀座の柳の一本一本に飛びつきながら散歩されたという話など、今に印象深く頭に残っているが、そのなかでもことに教えられたのは、「選手生活でいつも心掛けてきたことは、人に勝つことでなく己に勝つことであった」という話であった。いうまでもなく運動選手の目標は他の選手を破って勝つことである。他人に勝つことを第一とする人達が、まず自分に勝つことを心掛けるということは考えさせられる話である。

朝隈さんに限らず一流の選手が、平素どんなに厳しく練習を重ね、自分の生活を律するかはよく聞く話であるが、こうした日々は、そのまま自分に打ち勝つ生活でなければならぬし、さらには昨日より今日、今日より明日へと自分を高めて、一日一日が自分に打ち勝つ生活なのであり、いったん勝負になっても相手は決して他人ではなくいつも自分なのである。

これはたまたま運動選手の話であるが、私達の日常における心掛けとしても大切なことでないかと思う。私達はともすれば、他人ばかりを相手に考えることが多くて、いたずらに負けまいとあせったり、とても及ばぬと知ってやけになったり、時には人の失敗を喜ぶような寂しい気持にさえなりかねない。しかし人を羨み、自分の無力を嘆く前に、いつも自分を相手に、昨日の自分よりも今日の自分を少しでも高め、今日の自分を明日はどうして打ち破ろうかと努めたいものである。マイペースでいけとよく言われるが、他人には他人の道があり、自分には自分の道がある。他人の道に気をとられないで、自分の道を見極めてその道を一歩でも前進するように心掛けたいものである。

六　努力について

よく「人生は努力である」とか「幸運は正直な勤労とまじめな努力に仕える」などと言われる。今日私達の周囲にはいかにもこつこつと続ける努力を馬鹿らしく思わせることも少なくないが、やはりたゆまぬ努力こそことを成就せしめる最も確実な道であると思う。

ことに学業に励む皆さんにとって、努力こそその成果を左右するものである。

努力と言えば何か重苦しさを思わせるものがある。確かに努力は楽なものではない。しかし苦しい努力の後にこそ、実は本当の楽しみを見出せるのではなかろうか。いかに小さな成果でも、自分の努力によって得られた成果ほど喜びを感じるものはないからである。世間には労せずして得る幸運もなくはない。しかしそれは僥倖であり、一時の喜びに過ぎない。本当に確実な幸福は、努力のみが招来するものであることを忘れてはならないと思う。

しかし努めても努めても何の効もなく、努力することが無駄であるとさえ思われることもあるものである。けれども今日まいた種を明日花咲かすことは、奇跡でない限りできない。それと同様に努力は一歩一歩歩む道であって、その成果は忍耐を要するものであることを考えねばならない。その忍耐は五年、十年、あるいは終生を要した例も少なくない。それと共にわれわれは努力の無駄を嘆く前に、その方法の当否を反省してみることも大切である。だから私達は常に他人の意見を聞き、自ら工夫し、研究し、最も効果ある道を発見しなければならない。正しい方法、効果ある方法、それが努力を実らすうえに大切なものであることも忘れてはならないと思う。

七　戦後十年

これは終戦直後、世人の憎悪が闇屋というものに集まっていた頃、私の小さな抗議として、ある新聞に投書したものである。それから十年余りたった今、読み返してみて、当時のことを思い起こし、まことに感慨深いものがあると同時に、今さらながら暮しにも、人の心にも、時の流れの激しさを感じさせられる。

最近汽車中でのことである。超満員の乗客の半ば以上が、闇屋で占められていることはうわさのとおりであった。そしてそれらの人達がいずれも屈強の男女であって、混雑の人混みのなかで、互いにかわす傍若無人の言動が人々の面をそむけさせていることもうわさのとおりである。そのうちに隣り合わせた色眼鏡をかけた一人が、傍らの会社員と話を始めた。雑談がひとしきりすんでそろそろ打ち解けた頃、待っていたように色眼鏡の男から出された問いは「あなた達は自分らのような闇屋をどう思われますか」ということであった。それから糸口をほぐすように、彼のここ何年の過去の述懐が続けられた。その男は「せめて二十歳足らずの者だけにはこんなことはさせたくないものです」としみじみした口調で繰り返した。私はいつの間にか色眼鏡をはずして整った素顔の、訴えるような目に、心からうなずき返さずにはいられなかった。

話によれば、本人は適齢で兵隊にとられてから引き続いての召集で、十何年間中国大陸の戦場で働き、終戦後中国南部地方から徒歩を続けて最近やっと裸一貫で引き揚げて来たが、今はもう三十を越えて、工場でも容易に使ってくれぬとのことであった。

次には、戦災にあって無一物のなかを苦労して勉強している気骨のある大学生から聞いた話である。それは、彼が帰省の汽車中、二十歳余りの闇屋が、この学生の制止も聞かず、満員の列車の窓から無理に押し入ったので、席をあけて大きな荷物の手伝いなどしてやって、「君も闇屋をしているようだが、お互い若いものがしっかりしなければならぬ時だ。君も事情が許すようになったら、すぐにこんなことは止めたほうがよいのではないか」と話しかけたのである。すると若者はしばらく相手の顔を見つめていたが、その目からは大きな涙がポロポロ流れ落ちたので、学生も思わず共に涙せずにいられなかったというのである。

今日闇屋の横行が国民生活への脅威を来し、経済再建に大きな障害を与えているばかりでなく、多くの青年が闇屋に転落していく状態が、由々しい社会問題となっていることは今さらいうまでもない。当局の取り締まりはこの点から見て、むしろ手ぬるいとさえ言われている。しかし先に挙げたような実話は、われわれに反省すべき問題を提起していると思う。

それは今世間で怨嗟の的になっている、いわゆる闇屋のなかには自身こんなにも心の苦しみを背負っている者のあることである。そこではあの傍若無人な行動も、実は彼ら自身の良心の呵責に対する追いつめられた者の必死の抵抗なのだ。あるいは彼らを軽蔑しながら、内心これらを羨んでいるような中途半端な生活をしている者より、彼らの生活はより真剣とも言えるのである。それだけに、彼らは時さえ来れば立ち直るであろうし、その時の働きは目覚しいのではないかと思う。もちろん権力による取締りは必要である。しかしただ彼らを兇悪人としてのみ取り扱う前に、彼らをここに追い込んだ事態への強い反省と、強力な対策の実施が切に望まれる。悪人とされる彼らはこんなにも自ら責めているのである。取り締まる当局者も、深く自ら責める心を持ってことにあたるなら、道は開けるのではなかろうか。(昭和三十年)

八　「こんなこと」(幸田文著)を読んで

幸田文さんの「こんなこと」(『父・こんなこと』新潮文庫)という本は、今でも時々読み返す書物である。これは幸田露伴の娘である作者が、女学校に通うようになった年頃に、父露伴から母代わりに女の家事一般を教えこまれた思い出を書いたものである。露伴の偉さは私にうかがうすべもないが、一代の碩学と言われた露伴が、小さい娘に箒の使い方や雑巾のかけ方を教えた話は、誰が聞いても意外に思われることである。そのうえその教え方の細かさ、というより厳しさに至ってはなお驚かされるのである。

作者が家事の手始めに教えられたのは掃除の仕方で、その第一日目、掃除用具をそろえて恐る恐る父の前に出た作者は、「これぢゃあ掃除はできない」「名工はその器をよくす」と教えられて、はたきの作り方から始めさせられる。いろいろ教えられてやっとはたきをかける段になって、ばたばたはたき始めると、「はたきの房を短くしたのは何の為だ、軽いのは何の為だ。第一おまへの目はどこを見ている。埃はどこにある。はたきのどこが障子のどこへあたるのだ。それにあの音は何だ。学校には音楽の時間があるだらう。いい声で唱ふばかりが能ぢゃない。いやな音を無くすことも大事なのだ」と、たしなめられる。

どうやら障子の掃除が終わって、もういいと言われてホッとしていたら、「それでよしちゃいけないんだ。出入りのはげしい部屋は建具の親骨が閾《しきい》を擦《こす》る処に、きっと埃ごみを引きずってゐるから、ちょいと浮かせ加減にしてそこを払っとくもんだ」と教えられる。

やっと拭き掃除にかかると、最初に「水は恐ろしいものだから、根性のぬるいやつには水は使へない」と覚悟をきめさせられる。雑巾の善し悪しから、水はバケツに六分目に入れることまで教えられて、さて雑巾をしぼり始めると、飛び散ったしずくをさして、「そーらそら」「だから水は恐ろしいとあんなに云ってやってゐるのに、おまへは恐れるといふことをしなかった。……(中略)ぼんやりしてゐないでさっさと拭きなさい、跡が残るぢゃないか」と叱られる。また「水のやうな拡がる性質のものは、すべて小取《こど》りまはしに扱ふ。おまけにバケツは底がせばまって口が開いてゐるから、指と雑巾は水をくるむ気持で扱ひなさい。六分目の水の理由だ」と諭される。

露伴はただ教えるだけではない。「父の雑巾がけはすっきりしてゐた……(中略)白い指はやや短く、ずんぐりしてゐたが、鮮やかな神経が漲ってゐ、すこしも畳の縁に触れること無しに細い戸道障子道をすうっと走って、柱に届く紙一ト重の手前をぐっと止る。……(中略)規則正しく前後に移行して行く運動にはリズムがあって整然としてゐ、ひらいて突いた膝ときちんとあはせて起てた踵《かかと》は上半身を自由にし、ふとった胴体の癖に軽快なこなしであった」と、意地っ張りの作者に頭を下げさせている。ただそれだけでなく、雑巾をしぼった後、水のたれる手のしずくの扱いまで教えられて、一層感心させられている。

ざっとこうした調子で、障子張りから薪割り、草取りと、作者の思い出は続けられている。こんな話は今の時代の人には全く興味がないかも知れないし、読んでみても、ある人達にはどんな受け取り方をされるであろうかということも、想像できないことではない。しかし読み返していると、さすがは碩学との感にうたれると共に、今のわれわれにはいろいろ考えさせられる。

私達は何事でも理屈を理屈として理解することは案外容易である。しかしこれを本当に身につけるのはそうやさしいことではない。ましてこんなに日常の一挙一動にまでそれを行き届かせるのは、そうやさしいことではない。たまたまこれは些細な家庭生活のことであるが、これが些細なことであるだけに、こんなことにまで「こころ」の行き届いた姿というものに頭が下がるのである。

わが国では戦後民主主義が強調されて、二言目にそれを聞かぬことはないほどである。そしてその講釈も一通りは聞かされて、ひとかどわかったようにも思っている。しかしこれらの言葉が身につかず、風のように私達の頭の上を通り過ぎているのが今の時世ではなかろうか。私には外国のことはわからないが、民主主義の徹底した国では、その精神は言葉のうえの講釈よりも、むしろ日常の一挙一動のなかに生かされ、その行動を通じて教えられているのではなかろうかと思う。個人でも民族でも本当に身についた精神は、言葉で説かれるよりもむしろ日常の一挙一動のなかにこそ示されるものであり、それを通じて体得されるものだと信じるからである。

かつて私達のおじいさんやおばあさんの時代には、その良し悪しは別として、わが国にもこうしたものがあったはずだが、その一切を御破算にして新しい道を選んだ今日、それがいつまでも言葉のきれいごとに終わらないで、日常生活の隅々まで浸透して、じっくりと根を下ろす日が一日も早く来ることを願わずにいられない。(昭和三十五年)

九　立場

近頃、親孝行と言えば何か悪いことのように言われるけれども、親が子を愛し、子が親を思うのは人情の自然で、いつの時代になっても美しいことでなければならない。ところがこの美しい人情も、もし子が親に向かって「だから親が子を愛してくれるのはあたりまえだ」と言い、親は子に向かって「子供が親を大切にするのは当然だ」と言うようになったらどうであろう。美しい人情もずいぶん変なものになって、お互いに気まずい結果になるばかりか、果ては子が親を大切にしたり、親が子を愛せよなどということを説くのはいけないというようなことにもなりかねない。

なぜそんなことになるのだろうか。それは親と子が言うことを取り違えているからである。「親は子を愛しなければならぬ」と言うのは、親の立場から親自身が考えるべきことであり、「子は親を大切にしなければならぬ」と言うのは、子供の立場として自発的に心掛けねばならぬことなのである。それをあべこべに親自身が心掛けることを子が要求し、子供自身が守るべき道を親が要求するような誤りを犯しているのである。つまりそれぞれ自分の立場を取り違えているのである。

これは一つの例に過ぎないが、近頃の世の中にはずいぶんこんなことが多くて、そのために人々を毒していることが少なくない。ことに最近は政治的関心が高くなって、どんなことも政治の問題となり、社会の責任として論じられるのであるが、こうした場合、先のような誤りを犯さぬよう充分心する必要があるのではなかろうか。例えば青少年不良化の問題にしても、社会が悪いから青少年が不良化するのだから、まず社会を改めねばならぬという主張は、確かに間違いのない事実であり、大切なことである。だからと言って青少年自身が、自分が不良化しても、それは社会の罪で、自分には責任がないといってすましていてよいであろうか。

こうしたことはあらゆる人間関係について考えられることであって、私達は世間で声高く叫ばれていることについても、それは一体誰に向かって自覚を促していることなのかをしっかり見定めると共に、この場合、自分としてはどうあるべきかを考えねばならないと思う。

十　責任について

皆さんは高等学校を卒業し、いよいよ一人前の人間として社会に出られることになりました。そうした皆さんに、今日は責任ということについてお話し申したいと思います。いうまでもなく一人前ということは、難しく言えば責任の主体となること、言いかえると何でも自分で責任を負える人ということで、今の皆さんにとっては大切なことだと思うからであります。

そこで、責任についてまず第一に申したいことは、皆さんは自分自身に対して責任を持ってほしいということであります。自分自身に責任を持つというのは、自分について起こることの責任者は自分なのである、という自覚を持って行動することであります。自分のした言動に対しては、自分が責任を持つのはもちろん、自分が直面した問題は、人に頼らず、どこまでも自分の問題として取り組んでいくことであります。

皆さんの長い人生には、いろいろな困難に出会い、時には自分の力の不足を悲しんだり、ある時には自分の境遇や社会の罪をとがめたいこともあると思います。しかしどんな困難に出会っても、いたずらに自分の能力の不足を嘆いて自暴自棄になったり、責任を他に転嫁して、不平不満の人となっていただけでは、道は少しもひらけるものではありません。

例えば船が難破して遭難者を出したりすると、世間ではその原因をいろいろと追及して、非難されるのが常であります。しかしそれは幸いにその時、その船に乗り合わせていなかった人か、遭難しても助かった後でこそできることであって、海に放り出されている人が、いくら船主や船長の失敗を責めたり、自分が泳ぎのできないことを嘆いてみても仕方のないことで、その時はただ自分が自分の力で助かることに一生懸命になるほかはないことであります。これは少々極端な例かも知れませんが、いずれにしろ、自分の道を開くものは自分であります。昔から不幸な境遇に育った人が、そのために努力して立派に自分の道を開き、恵まれた境遇に育った人がかえって堕落するといった例も少なくありません。皆さんもこれから後、自分の遭遇した問題は、これを自分自身の問題として受けとめ、自分の責任として立ち向かうようにしていただきたいと思うのであります。

なお、自分自身に対する責任ということに関連して申し添えたいのは、この責任感のバロメーターとしての感謝ということであります。本当に自分の責任を自覚し、自分で解決しようと努めている人にして初めて、人の親切や恩義を感じることができるものだからであります。いつも他人の力に頼ることを当然としている人には、感謝はありません。その意味で感謝の気持こそ、自分の責任感のバロメーターとして、絶えず反省することが大切だと思います。

次に、自分に対する責任と共に大切なのは、社会に対する責任であります。今日社会はますます巨大化し、複雑化しつつ、しかも目まぐるしく変動を続けております。こうしたなかで、社会とのつながりを失って、わずかに家庭のなかに自分の生き甲斐を見出そうとするのも無理からぬことであります。しかし社会は個人によって支えられ、個人は社会において生かされるものであるとは、古くから絶えず説かれてきたことであります。戦後個人の尊さが強調され、個性の尊重が叫ばれてきました。しかし個人の尊さや各自の個性の尊重は、それが社会のなかでそれぞれの役割を果すことによって尊いのではないでしょうか。例えば一つの小さなねじもそれが機械のなかで一つの役割を果すことにおいて、かけがえのない尊い存在となるのであります。これと同様に、社会のなかの一人としての自分の役割を見出すことこそ本当に自分を生かす道ではないでしょうか。

最後に、責任という言葉は何か私達に重苦しい感じをいだかせます。確かにそれは苦しく重いものであります。しかし責任感は向上という坂道を上る歯止めのようなものだと、私は思います。重くとも苦しくとも、これが私達の堕落を食いとめ、向上への支えとなるものではないでしょうか。昔から独りを慎しむという教えがあります。人に見えず、とがめられもしない独り居の安易さのなかに、知らず知らず陥る危険さを戒めたものでありま す。また私達は、群集の陰にかくれている時、いかに卑しむべき言動をもしかねまじき者であるかを考えるならば、無責任さがどんなに人を堕落させるものであるかが思われます。皆さんはこの社会を本当によりよく住みよいものにするためにも、常に責任ある言動に心掛けていただきたいと願うのであります。

十一　『論語』のすすめ

昭和二十五年、私の堀川高校勤務時代のことであった。私は病欠した先生の代行として一年三学期の古典を受け持つこととなった。教材はちょうど漢文の『論語』が単元となっていたが、突然の代行でもあり、多忙な校務もあったので、私は一方的な講議形式をとり、その代わり生徒には、最後に感想文の提出を命じておいたのであった。

当時私は本務以外に特別気忙しい仕事を引き受けていたが、生徒の提出した感想文は興味を持って読んだのであった。そのなかである女生徒――それは頭のさえた子だったが――その生徒の作文は、「論語についていろいろ考えさせられるものがあるが、孔子という人は一体恋をしたことがあるであろうか。もし恋をしたことのないような人ならば、私達はその言葉を聞く気になれない」といったものである。何の気なしに読めば、若い子の言いそうなことであるが、考えてみればとかく誤解されやすい孔子像への一つの問題提起である。私はとっさに「もちろん孔子は恋もしたであろう」と答えて、孔子の人柄やその言行を集めた『論語』について私の考えを説いたのであった。

そんなことがあって以来、私は自分の言ったことを確かめたい気持もあって、それぞれその道の権威の先生方の所説を、特に注意して読んだ。今試みにその見解の幾つかを挙げると、まず一時広く読まれた武者小路実篤氏の「論語私感」において、氏は、「孔子を、普通の人間でないとする者があればまちがいだ。論語の説明を読んで、僕達が親しめないのは、孔子を感心しすぎて、聖者に祭り上げて、我等と別人のやうにあつかってゐる点だ」と言い、「彼自身が身をもつて実感したこと以外は、彼の言葉からは一つと雖《いえど》も見出すことは出来ない」とし、また、「彼も腹がはって一日をもてあましたこともあり、妻や、その他の女に苦しめられたこともないとは云へないと思ふ」とも述べておられる。

また貝塚茂樹氏も、「『論語』が二千五百年の長い期間多くの読者をひきつけてきた魅力は、何よりも孔子の言葉のはしばしまで溢れ出てくること博大高遠をきわめながら、しかも温厚で親しみやすい孔子の人間性にあったと考えるべきであろう」（『孔子』岩波新書）と説かれ、金谷治氏も、「『論語』の思想の特色としては、まずそれが何よりも人間的だということをあげなければならない」と言い、「窮屈な道徳主義を予想した読者は、この書物の楽天的な明るさにうたれる。そしてまた、そこに超越的神秘的な色彩の少ないことに驚かされる。ここには神はない。不可知の存在としての天はあっても、それを説くことに主眼があるのではない。主眼はあくまでも現実的な人間の問題である。」（『論語の世界』日本放送出版協会）と述べておられる。

さらに吉川幸次郎氏は、『聖書』の言葉のように、神を意識した言葉でなく、人間、人間、人間、あくまでも人間ばかりを意識した言葉である故に、理解しやすく、人人の日常の知恵となることも、容易である」と言い、「孔子は、単純な人物では、決してない。はげしい理想にもえると共に、複雑な思慮に富む人物である。(中略)こうした苦労人的な面が、孔子の性格にはある。」(「中国の知恵」『吉川幸次郎全集5』筑摩書房)として、人間的な孔子の人物を繰り返し強調されている。

以上長々と先賢の言葉を引用したのはほかでもない。要は孔子を格別な聖人と考えたり、その言行を集録した『論語』を、ただ堅いばかりの書物だとする誤った見方に陥らず、自分でじっくりと読まれることをすすめんが為である。

主要参考文献

司馬遼太郎『十六の話』（中央公論社）
幸田文『父・こんなこと』（新潮文庫）
渡辺一夫他『わが家の教育』（平凡社）
斎藤隆介『職人衆昔ばなし』（文藝春秋）
岡潔『春宵十話』（毎日新聞社）
シュリーマン『古代への情熱』（岩波文庫）
竹山道雄『続ヨーロッパの旅』（新潮社）
『吉川幸次郎全集』第五巻（筑摩書房）
吉川幸次郎『短長亭集』（筑摩書房）
貝塚茂樹『孔子』（岩波書店）
金谷浩『論語の世界』（日本放送出版協会）
武者小路実篤『論語私感』（三笠書房）
プラトン『ソクラテスの弁明・クリトン』（岩波文庫）

[著者プロフィール]

中南 忠雄（なかなみ ただお）

1908年(明治41)12月　京都府船井郡生まれ

広島文理科大学文学部卒業

小学校、旧制中学校、新制高等学校教諭を経て、公立高等学校長19年、

女子短期大学嘱託５年

家庭裁判所調停委員４期８年

戦後教育の回顧と展望

2002年３月15日　初版第１刷発行

著　者　中南 忠雄

発行者　瓜谷 綱延

発行所　株式会社 文芸社

〒160-0022　東京都新宿区新宿1-10-1

電話　03-5369-3060（代表）

振替　00190-8-728265

印刷所　株式会社エーヴィスシステムズ

ISBN4-8355-3466-2 C0095